Freiheit durch
Gold

Gewidmet allen Freunden des Goldes,
welche an die Kraft der menschlichen Vernunft
und des selbstständigen Denkens glauben.

Prof. Dr. Hans J. Bocker

Freiheit durch

Gold

Sklavenaufstand im Weltreich
der Papiergeldkönige

Verlag Johannes Müller | Bern | Schweiz
2010

Prof. Dr. Hans J. Bocker
Dipl.-Ing., Dipl.-Wirtsch.-Ing.

Prof. Bocker hat seine Wohnsitze in der Zentralschweiz und in Vancouver, hält zwei Professuren in Betriebswirtschaft und ist mit seiner *Doppelausbildung* in Technik und Wirtschaft an vielen Fronten aktiv. Als Kosmopolit arbeitet er als Berater, Autor, Finanz- und Wirtschaftsjournalist sowie Kolumnist und beschäftigt sich seit Jahrzehnten mit den Themen *Edelmetalle und Minenwesen*. Seine Aufgaben und Interessen führten ihn in 57 Länder, den Nahen und Fernen Osten, Afrika, Europa und Nordamerika eingeschlossen. Er hat mit seinen Publikationen mittlerweile die 2000er-Marke überschritten, davon 150 akademische. Die Mehrzahl der Artikel und Beiträge fand ihren Weg in die Seiten der *Börsen-Zeitung* (11 Jahre Mitarbeit) der *Frankfurter Allgemeine* (2 Jahre), der *Finanz- und Wirtschaft* (über 20 Jahre) und der *Welt* (1 Jahr). In allen Ausgaben des *Who is Who in the World* der Jahre 1991 bis 2009 ist er unter *B* zu finden. Er lehrt an zwei Elite-Business Schulen, leistet PR- und IR-Arbeit, betreut eine Anzahl von Rohstoff- bzw. Bergbau-Unternehmen und ist Mitglied von Rotary International.

Liebe zur Musik, speziell *W. A. Mozart*, und zur Natur, insbesondere der Tierwelt, schaffen dem Verfasser Ausgleich und Kraft.

Freiheit durch Gold: Dritte Auflage – August 2010
Titel der ersten Auflage: Zwanzig Totschlag-Argumente gegen Gold (Nov. 2008)
Titel der zweiten Auflage: Freiheit durch Gold (Juni 2009)

Herausgeber:	Johannes Müller, Bern
Produktion:	multiprint, Basel
Prepress:	provista, Allschwil
Druck:	Saarländische Druckerei & Verlag GmbH, Saarwellingen, DE
3. Auflage:	12 000 bis 20 000
Stichwörter:	Geld, Gold, Wirtschaft, Geschichte, Liberalismus

Verlag Johannes Müller, Neuengasse 38, Postfach 7357, CH-3001 Bern
jmueller@sunrise.ch; Webseite: www.einrappen.ch

Vertrieb in Deutschland und Österreich:
OSIRIS-Buchversand, Alte Passauer Str. 28, DE-94513 Schönberg, info@osirisbuch.de

ISBN: 978-3-9523315-3-8
Printed in Germany

INHALTSVERZEICHNIS

❝An Gottes Tisch sitzen Freund und Feinde.❞

❝Wenn Ihr rüstet, rüstet Euch im Geiste.
Und wollt Ihr Sicherheit, dann seid gerecht.❞

Johann Wolfgang von Goethe (1749–1832)

Gold als Schlüssel zur Freiheit

Munition gegen den Angriff der Kleptokraten

Mein erster Kontakt mit Gold liegt rund zweieinhalb Jahrzehnte zurück: Damals konnte ich mir die persönliche wie auch gesellschaftliche Dimension dieses Sonnenmetalles nicht einmal ansatzweise vorstellen. Auf der emotionalen Suche nach Dauerhaftigkeit, Sicherheit und Seelenfrieden führte mich einmal mehr meine Intuition in die richtige Richtung: Nach 25 Jahren des Forschens und Nachdenkens komme ich zum Ergebnis: *Gold* ist ein wichtiger Schlüssel sowohl zur inneren als auch zur materiellen Freiheit.

Zerstörer am Werk

Die gefährlichsten *Gegner* einer freien und friedvollen Gemeinschaft sind Menschen, heute in Gestalt von Politikern oder Bürokraten, nationaler, überregionaler und besonders transnationaler Organisationen, welche der Verlockung nicht widerstehen können, ungedeckte Papierwährungen zur Finanzierung von Macht, Krieg, Weltverbesserertum, wohlgemeinten Utopien oder Versprechen zwecks Volksbeglückung, zum Beispiel sozialer Natur, einzusetzen. Denn nur mit einer *ungedeckten Papierwährung* können die riesigen Verluste ihrer allesamt unbezahlbaren und damit unwirtschaftlichen Handlungen via Kaufkraft-Diebstahl auf die oft ahnungslose, ökonomisch wenig gebildete, aber vertrauensgewährende Mehrheit der Gesellschaft nahezu unbemerkt verteilt werden. So sind die Weltkriege bezahlt worden, so der braune, so der rote, so der schwarze Terror! Doch leider ist die Versuchung mit dem Untergang der historischen Totalitarismen nicht aus der Welt gekommen.

Diese hinterhältige Finanzierungsform hat sich in der Geschichte traurigerweise auch seither immer wieder – für die Täter – bewährt, verstehen doch nicht alle Mitmenschen jeden wirtschaftlichen

Zusammenhang. Kein Wunder, denn die hässlichen Folgen der *Inflation* werden den Betrogenen nicht sofort, sondern zeitlich stark verzögert und scheinbar ohne kausalen Zusammenhang präsentiert.

Moralisches Versagen:
Respekt vor der Geschichte verloren

Menschen, welche sich ausschliesslich auf ihre persönlichen Erfahrungen stützen, neigen dazu, diese einseitig gewonnenen Erfahrungen zum Massstab ihres Urteils und zum Prinzip allen Handelns zu erheben. Aus Sicht des Einzelnen mögen solche Prinzipien hie und da erfolgreich sein. Müssen jedoch langfristige Entscheidungen zugunsten einer Gesellschaftsordnung getroffen werden, welche auch die nachfolgenden Generationen im Denkmuster mit einbeziehen, stellt sich eine völlig andere Ausgangslage: Es muss um jeden Preis verhindert werden, dass *persönliche und dementsprechend kurzfristige Interessen* vor die Interessen unserer Nachkommen gesetzt werden. Dabei helfen moralische und ethische Grundsätze, welche auf den Lebenserfahrungen unserer Vorväter fussen. Eine dieser wichtigen Lebenserfahrungen heisst *Respekt vor der Geschichte* und den grossen zivilisatorischen Errungenschaften unserer Ahnen.

Sonderinteressen:
Der Anfang vom Ende

In einer arbeitsteiligen Gesellschaft wie wir sie in den heutigen Wirtschaftsformen kennen, sind alle Sonderinteressen letztlich dann antisozial, wenn durch die Wirkung der Gesetze Vorteile einzelner Gemeinschaftsmitglieder auf Kosten der anderen erzielt werden. Eine auf *langfristiges Gedeihen* ausgerichtete Gesellschaft wird daher alles daran setzen, Sonderinteressen keinen beherrschenden Einfluss auf die Gestaltung des Staates einzuräumen, denn sie sind am Ende fast immer fatal: die daraus entstandenen *Ungerechtigkeiten* führen über kurz oder lang zu sozialen Spannungen, Unruhen, Revolution, Krieg und somit zu Tod, Blutvergiessen, Leid und Verfall natürlicher Ordnungen, oft sogar zu einer Auflösung der Gesellschaft.

Wirtschaftliche Eigenverantwortung als Wohlstands-Maschine

Aus welcher ideologischen Überzeugung heraus Sie auch urteilen mögen: Es kann, darf oder muss festgestellt werden, dass erst die wirtschaftliche Eigenverantwortung oder, wenn wir eine weniger exakte, aber verbreitete Terminologie wählen, der *Kapitalismus* in seiner (nahezu) reinen Form Wohlstand und Fortschritt über die grosse Masse der Menschheit gebracht hat. Die Produktivität lässt sich nun einmal durch die Aussicht auf Verbesserung der persönlichen Lebenssituation optimieren und in unerreichter Weise steigern. Gerade diese Kombination aus Eigeninteressen, bei gleichzeitiger Zufriedenstellung anderer Gemeinschaftsmitglieder, macht den echten Kapitalismus zu dem was er ist und immer sein sollte: Eine auf Frieden angewiesene und auf Gerechtigkeit gründende Wohlstandsmaschine! Alle braunen, roten oder schwarzen sozialistischen Experimente gründen auf Sonderinteressen einer gewöhnlich zahlenmässig sehr kleinen politischen Kaste, welche sich die Macht auf Kosten der breiten Masse der Bevölkerung sichert. Den Preis dafür kennen wir: Millionen von zerstörten Lebensträumen und nicht weniger Menschenleben. Doch glücklicherweise wirken diese Machtgruppierungen nicht in einem Vakuum. Der grösste Gegner aller politischen Interessengruppen ist nämlich stets präsent und immer derselbe: **Der freie Markt**.

Um die ungerechterweise gehaltenen Pfründe erst installieren und später verteidigen zu können, muss die Konkurrenz ausgeschaltet werden. Als Paradebeispiel für diesen Aspekt des Machttriebes gilt der freie Markt der Meinungen: Freie Länder zeichnen sich durch die Möglichkeit einer freien Meinungsäusserung aus. Faschistisch, sozialistisch oder – ganz allgemein – kollektivistisch unterdrückte Länder hingegen lassen sich durch das Beschneiden der freien Meinungsäusserung erst glasklar als das erkennen und definieren, was sie wirklich sind: *Diktaturen.*

Weniger glasklar erkennbar sind hingegen für die meisten Mitbürger die in einer Vielzahl existierende Einschränkung des freien Marktes oder gar dessen kompletter Ausschaltung – von den katastrophalen Folgen dieser Machenschaften ganz zu schweigen.

Im Kapitalismus (freie Marktwirtschaft) wird der Wert aller Güter durch Millionen verschiedener Präferenzen der Marktteilnehmer ermittelt. Der Preis eines Gutes ist immer neuen Einflüssen ausgesetzt und somit ständigen Änderungen unterworfen. Dabei gründen sich alle Vertragsabschlüsse (Preisbestimmungen) auf Freiwilligkeit. Gleichzeitig waltet der Markt über Gerechtigkeit. Der wahre König in Gestalt des Konsumenten wird lautlos, jedoch äusserst effizient dafür sorgen, dass der jeweils günstigste, beste oder fairste Anbieter überlebt, wirtschaftlich wächst und gedeiht. Finanziell ungesunde Marktteilnehmer werden von den Gesunden verdrängt. Heute sind wir Zeitzeugen, wie durch staatliche Eingriffe die *gesunden Betriebe* von kreditabhängigen und wirtschaftlich erfolglosen Betrieben verdrängt werden – mit verheerenden gesellschaftlichen Konsequenzen! Darwinismus wird auf den Kopf gestellt: Leistung und Anpassung werden bestraft, Versagen und Ignoranz werden belohnt – «*The survival of the unfittest*».

Jegliche Beschränkungen oder gar Verbote von Märkten wirken immer wettbewerbsverzerrend oder eben – gerechtigkeitsverzerrend. Dass es besser wäre, wenn die Menschen in Zukunft mehr dem freien Markt als einem «staatlichen Gerechtigkeitsempfinden» vertrauen würden, kann einfach erklärt werden: *Eine von Machtmenschen per Gesetz definierte Gerechtigkeit gründet immer auf Ungerechtigkeit!*

So kann nicht energisch genug auf die Tatsache hingewiesen werden, dass unser heutiges Geldsystem nicht von Freunden der Freien Marktwirtschaft geschmiedet wurde, sondern von Sonderinteressen-Vertretern! Das heutige Geld ist ein unter Androhung von Staatsgewalt erzwungenermassen akzeptiertes *gesetzliches* Zahlungsmittel, und wie wir wissen, wurden die heute gültigen Gesetze nicht vom lieben *Gott* in Kraft gesetzt. Diese Tatsache ist unglaublich wichtig, wenn Sie die wahren Zerstörer unserer Gesellschaft und ihrer natürlichen Ordnung erkennen möchten.

Notenbanken als Totengräber der Gesellschaft

Täglich liest, hört und sieht man Presseberichte vom gescheiterten Kapitalismus, ja sogar vom vielgeschmähten *Turbokapitalismus* ist die Rede. Mit «*echtem*» *Geld* wäre jedoch dieser sogenannte Turbokapitalismus gar nicht möglich! Alle Notenbanken, welche sich Währungshüter nennen, *manipulieren* den Geldmarkt durch Drehen der Zinsschraube und durch Erhöhen der Geld- und

Kreditmenge. Die heute sichtbaren Resultate solcher Manipulationen geben nun Kritikern recht, welche die *Zentralbanken bereits lange als planwirtschaftlich agierende Inflationsmaschinen im Dienste selbstsüchtiger und antisozialer Interessenvertreter erkannt haben.* Verfechter dieses Systems, notabene der allergrösste Teil der heutigen Ökonomen, können oder wollen sich nicht an das Manifest der Kommunistischen Partei aus dem Jahre 1847 erinnern, erkannten doch schon damals die Herren Karl *Marx* (1818 – 1883) und Friedrich *Engels* (1820 – 1895), dass die Macht einzig über die Geldkontrolle abgesichert werden kann: «*Für die fortgeschrittensten Länder werden jedoch die folgenden Massregeln ziemlich allgemein in Anwendung kommen können: […] Zentralisation des Kredits in den Händen des Staats durch eine Nationalbank mit Staatskapital und ausschliesslichem Monopol*».

Ebenfalls von Sonderinteressenvertretern wurde das unsäglich ungerechte *Giralgeldschöpfungssystem* (Fractional Reserve Banking) per Gesetz eingeführt, welches den Banken erlaubt, aus *frischer Luft Kreditgeld* zu erschaffen und erst noch dafür Zinsen einstreichen zu dürfen!

Diese wichtigsten Punkte bei der Beurteilung der heutigen Finanzkrise werden vom Modestrom der Mehrheit bislang kaum zur Kenntnis genommen. So bleibt es den meisten Menschen verborgen, dass es sich bei den heutigen Problemen nicht wirklich um eine Finanz-, sondern um eine hausgemachte Systemkrise handelt. Alle interessierten Mitmenschen, welche die wahren Gründe der Wirtschaftszusammenbrüche und der Geldentwertungen seit den Gründungen der Notenbanken hinterfragen, seien auf die Wiener Schule der Nationalökonomie verwiesen. Ihre Hauptvertreter, wie *Ludwig von Mises* sowie der Nobelpreisträger *Friedrich A. von Hayek*, haben die vergangenen und heutigen Krisen, basierend auf ihren wissenschaftlichen Forschungen, korrekt vorausgesagt, nicht als *Propheten*, sondern als brillante *Sozialökonomen*. Die Wiener Schule der Nationalökonomie findet zwar immer mehr überzeugte Anhänger, die mit einem Bildungsmonopol agierenden Staaten verweigern sich jedoch dieser Lehre, da den diversen Ebenen der Bürokraten und Machtpolitiker anderenfalls massenhaft Pfründe verloren gingen.

Nochmals: Weder unser heutiges, schuldengedecktes Geld, noch die Notenbanken sind ein Produkt des freien Marktes, sondern stellen nur *Gewaltmonopole* einer selbstsüchtigen und machtbesessenen Elite dar, welche die Privilegien der Geldschöpfung aufs Schändlichste missbrauchen. In einer freien Welt entscheiden Milliarden von Menschen auf Basis der Freiwilligkeit, was *Geld* und damit Freiheit oder Unfreiheit ist, und nicht eine Handvoll nicht gewählter Funktionäre, welche ihre Stellung nicht durch eine Leistung, resp. durch Befriedigung anderer Gesellschaftsmitglieder verdienten, sondern mit simplen Gesetzeseinführungen erschlichen. Die Finanzpresse unterstützt das Papiergeldsystem nahezu vorbehaltlos. Sie argumentiert gegen Gold, ja verteufelt das Metall. Kein Wunder, denn Freiheit für die Bürger bleibt für die Mächtigen eine für sie brandgefährliche Aussicht.

So ist Gold als einzig ehrliches Geld der Schlüssel zur Freiheit: Die parasitären, antisozialen Papiergeldkönige kennen ihren grössten Feind, den freien Markt, genau. Noch stärker jedoch fürchten sie ihren Todfeind, das Gold. Mit der Manipulation des Geldes sowie der Edelmetalle zeigen diese selbsternannten Könige ihr wahres Gesicht. Gegen den menschlichen Drang nach Freiheit, Frieden und Gerechtigkeit hatten jedoch alle Herrscher auf Dauer keine Chance, denn der *Markt* ist immer stärker. So wird auch dieses traurige Kapitel der Weltgeschichte enden, wann immer es enden muss: Nämlich dann, wenn den Notenbanken die Goldvorräte zur Neige gehen. Dann, erst dann werden die Menschen feststellen, dass der Kaiser wirklich und wahrhaftig keine Kleider hat und das unsäglich ungerechte *Geld-System* einer anderen, hoffentlich gerechteren Ordnung weichen muss.

Herzlichen Dank

Mit der spontanen Zusage zu diesem Buchprojekt hat mir Professor Dr. *Hans J. Bocker* eine grosse Freude bereitet. Dafür sei ihm an dieser Stelle ganz herzlich gedankt.

Auf dass sich möglichst viele Mitmenschen immer wieder daran erinnern mögen, dass der *Friede* allein durch Gerechtigkeit und ein faires Wirtschafts- und Finanzsystem geschmiedet und erhalten werden kann.

Johannes Müller
Bern, im Oktober 2008

Das grosse Finanz-Karussell

Verehrte Leser, wir gratulieren Ihnen! Sie schenken der im Nachstehenden dargestellten *hochaktuellen Thematik* einer kranken Geldwirtschaft mit all ihren heute bereits sichtbaren und den noch anstehenden verheerenden Auswirkungen Ihre Aufmerksamkeit. In dem schmerzhaften und unvermeidlichen Prozess einer Gesundung wird *Gold*, genau wie in allen Krisen der Vergangenheit, eine **Schlüsselrolle** spielen. Ihr Interesse ordnet Sie in die Gruppe der Mitmenschen ein, die vorausschauend begreift, dass Gold wieder zum Mittelpunkt der künftigen gesunden Geldwirtschaft in einer von Prinzipien der Ehrlichkeit getragenen Gesellschaft aufsteigen muss und wird. Das heutige Luft- und Falschgeld, welches im Wesentlichen der Machterhaltung einer winzigen Minderheit dient, wird unausweichlich untergehen. Dass damit nicht nur auch ein Gesundungsprozess der gesellschaftlichen Interaktionen und Systeme einhergehen wird, sondern dass Sie selbst in absehbarer Zukunft die Früchte ihrer Vorausschau ernten werden, versteht sich von selbst.

Damit aber werden auch jene profitieren, die nur über sehr begrenzte oder gar keine Mittel zum Golderwerb verfügen: Denn *Schein-Geld*, welches in beliebiger Menge gedruckt oder sonst ohne nennenswerten Aufwand *vermehrt* wird, mutiert dann wieder zu echtem Geld, das durch reale Arbeitsleistung entsteht, dessen Wert Enkeln und Urenkeln voll erhalten – und dessen Kaufkraft auf Jahrzehnte hinaus kalkulierbar bleibt.

Die schleichende und fortlaufende *Enteignung* durch Geldentwertung zugunsten der Schuldenmacher trifft alle Mitmenschen. Es ist dies ein heimtückischer, perfider und hochgradig antisozialer Prozess, der niemanden verschont, der gesellschaftspolitisch höchst verwerflich ist und längerfristig immer ins Verderben führt. Die Geschichte ist reich an Beispielen.

Hoffentlich regen Sie diese Thematik und die Lektüre zu weiterem eigenem **Denken und Analysieren** an. Unglaublich

– vielleicht 95 % der Menschen oder auch mehr, denken nur noch nach vorfabrizierten Fremdgedanken, die täglich geschickt verpackt und scheinbar schlüssig in immer neuen Spielarten fertig zum Massenkonsum serviert werden.

Wie Sie sehen, dreht sich das grosse Finanz-Karussell in der Richtung weiter, wie schon in der ersten Auflage dargelegt. Die Rotationsgeschwindigkeit steigt allerdings. An der grundlegenden Thematik aber ändert sich so gut wie nichts. Eher ist eine Verschärfung der Fundamentalprobleme zu beobachten. Zeit und Herrschaft des aktuellen Welt-Imperiums neigen sich ihrem Ende zu. Die Macht der Papiergeld-Elite schwindet. In hektischer Panik jagt ein *Gipfel* den anderen. Und die Kriegsgefahr, insbesondere hinsichtlich des Iran, hat keineswegs abgenommen. Hoffnungsträger *Barack Obama* schwärmt davon, künftig den Hedgefonds, der Fondsindustrie, den Ratingagenturen und Versicherungen, sogar Banken und sonstigen Finanzjongleuren, enge Zügel anzulegen. Doch wer kontrolliert die Kontrollierenden? Von besseren Regeln oder sinnvollen Beschränkungen für die Geldpolitiker und Zentralbanker ist jedenfalls nicht die Rede. Dabei sind ja planwirtschaftliche Massnahmen und massive Manipulationen im Papiergeldsystem die eigentlichen Gründe der heutigen Krise. Unter dem Vorwand der *Rettung* werden sie derzeit in unserem Finanz- und Wirtschaftssystem weiter verstärkt. Damit aber stirbt der freie Markt, dessen Mechanismen als einzig wahre Heilkräfte mit jeder Krise fertig werden – wo doch im Grunde die *zentralen Planer* der weltweit aktiven und vernetzt agierenden Zentralbanken sterben sollten.

Setzen Sie grosse Hoffnungen auf die zwischenzeitlich installierte neue US-Regierung mit den – ausser *Obama* – altgedienten Politfiguren und altbekannten Gesichtern? Bereiten Sie sich auf eine herbe Enttäuschung vor. Sie wird die Schuldenberge weiter rasant auftürmen, nicht abbauen. Jeder Abbau bleibt eine Utopie, die an ökonomischen Realitäten scheitern muss. Sie wird die gewaltigen Restriktionen der persönlichen Freiheiten durch unter ihren Vorgängern eingeführte Gesetze und Verordnungen nicht abschaffen. Sie wird mehr kontrollieren, überwachen, beobachten, bespitzeln, aggressiv regulieren und mehr treue Staats- und Systemdiener beschäftigen, nicht weniger. Militär und Rüstung werden, wenn überhaupt, nur scheinbar begrenzt. Es werden

einige Summen *gekürzt*, die die Wirtschaft und selbst die Gelddrucker ohnehin total überfordert hätten, und die sowieso schlicht
utopisch wären. Hier wird nur ein vermeintlich beruhigendes
Opium fürs Volk ausgeteilt.

Auch ist *Obama* laut wiederholten eigenen Erklärungen ein «er-
bitterter Feind von Steueroasen, Steuerschlupflöchern und Staaten
mit unfairen Steuersystemen». Globale Totalkontrolle des Bürgers,
der Bankkonten, des Lufttransports, des Zahlungsverkehrs und
Kaufverhaltens, der Computerdaten, vertrauliche Dateiinhalte,
der persönlichen Vorlieben und Gewohnheiten steht auch weiterhin ganz oben auf der Tagesordnung eines Systems, dem er
als Leitfigur vorsteht. Das *unsichtbare Überwachungsnetz* zieht
sich weiter zu, die Medienpapageien plappern munter weiter. Die
Zentralbanken fahren den alten Kurs und backen den gleichen
Schimmelkuchen wie eh und je, nach dem einzigen Rezept, dass
sie kennen: Der ungehemmten Vermehrung der Papier-, Giral-
und Digitalgeldmengen. Die Politiker klatschen Beifall.

Das neue, sechste Kapitel dient als Ergänzung zur ersten Auflage einem doppelten **Zweck**: Zum Einen werden die seither
abgelaufenen Ereignisse kurz zusammengefasst und der Leser
somit auf dem Laufenden gehalten. Dass die «Argumente» der
Mächtigen gelegentlich mit dem Puderzucker leichter Ironie ver-
süsst werden, sei dem Autor verziehen, Zum Anderen versucht
dieser, in knapper Form darzustellen, wie es nun weitergehen
könnte. Ein Blick in die Zukunft ist immer ein gewagtes Unterfangen. Dennoch scheint mit grosser Sicherheit festzustehen, dass
die natürlichste und vernünftigste Lösung, nämlich die Krise sich
austoben und alles Kranke absterben zu lassen, damit sich ein
neues, gesundes Finanz- und Wirtschaftssystem aus der Asche
des ungedeckten Papiergeldes erheben kann, wohl am starren
Eigennutz der Mächtigen scheitern dürfte. Wenn die Exzesse
und Ungleichgewichte einer Periode nicht freiwillig korrigiert
und beendet werden, sorgen die Natur- und Wirtschaftsgesetze
zwanghaft und unweigerlich für Abhilfe. Es bleiben im Prinzip
nur **drei** andere, im Kapitel 6 dargestellte **Alternativen**, für die
uns unsere Enkel und Urenkel noch hassen oder zumindest verachten dürften.

Prof. Dr. Hans J. Bocker
Bern, im Mai 2009

❝ Die kleinen Schulden eines armen Mannes
verursachen grossen Lärm.
Die Riesenschulden eines Staates
wachsen still und stumm. ❞

Alte Weisheit

———————— ◆ ————————

❝ Die meisten Menschen denken wie Herdentiere,
verlieren schnell jeden Sinn und Verstand in Herden,
doch kehren sie nach Herdenrausch, Irrsinn, Amoklauf
oder Stampede nur langsam zur Vernunft zurück,
einer nach dem anderen,
jeder für sich allein. ❞

Charles Mackay (1814 – 1889)

———————— ◆ ————————

❝ Wenn das selbstständige Denken aufhört,
verfällt die Ordnung! ❞

Konfuzius (551 – 479 v.Chr.)

———————— ◆ ————————

❝ Man hat stets die Wahl zwischen dem Vertrauen
in die natürliche Stabilität des Goldes und dem
Vertrauen in die Intelligenz von Regierungsmitgliedern.
Bei allem gehörigen Respekt vor diesen Herren,
und solange das kapitalistische System
noch mit uns ist, empfehle ich Ihnen dringend:
Entscheiden Sie sich für Gold! ❞

George Bernard Shaw (1856 – 1950)

Weltreiche vergehen – Gold bleibt bestehen

Diese Schrift entstand aus vierfachem Grunde

Zum **Ersten** aus *echter Sorge um die Zukunft* sowie um die finanzielle Absicherung von Freunden und deren Familien. Materielles Glück auf Dauer ist in einer hoch unsicheren Zukunft kein Zufallsprodukt, sondern erfordert systematisches Nachdenken, einen gewissen Weitblick und aktives, *zielgerichtetes Handeln.* Dies ist sogar kostenlos und unterliegt nicht einmal einer Besteuerung.

Zum **Zweiten** werden in der Praxis immer wieder grossen Unsicherheiten entspringende und nahezu gleiche Standardfragen gestellt. Einige Wichtige sollen im Folgenden detailliert beantwortet bzw. künftige Fragen vorweggenommen werden.

Zum **Dritten** kommen Gold, seinem Besitz sowie einem goldgedeckten Währungssystem künftig allerhöchste gesellschaftliche und soziale Bedeutung der Erneuerung, Gesundung und Gerechtigkeit zu. Kein Zweifel, in einem todkranken Finanzsystem gehört Gold die Zukunft. Die Ära, in der Gretchens Faust-Zitat «*Am Dollar hängt, nach Dollars drängt, doch alles, Ach, wir Armen*», auf den Kopf gestellt wurde, geht zu Ende.

Zum **Vierten** und letzten zwingt die schleichende aber dennoch massive *Enteignung* durch Staat und System zum Selbstschutz.

Der «Maestro» spricht

Was hat der grösste König der Papiergeldsysteme aller Zeiten, *Alan Greenspan*, alias *Mr. Kauderwelsch* zu dieser Thematik zu sagen?

Der «Maestro» und Dirigent des grössten *Blasenorchesters* der Geschichte war, man glaubt es kaum, in seiner Jugend ein begeisterter und überzeugter *Anhänger* des Goldstandards. Er reihte in einem damals veröffentlichtem Essay tiefe Gedankengänge aneinander. Hier ein vielsagender Ausschnitt, der manche schockieren möge, denn für beinahe zwei Jahrzehnte als Chef der Fed, einer kleinen privaten Institution, die als Königshof der Weltfinanzen gilt, wandelte er sich vom *Paulus* zum *Saulus* und damit zum unversöhnlichen Feind des gelben Metalles. Lassen wir diesen *Oberhirten aller Papiergeldkirchen* kurz zu Wort kommen und – man staune:

«… ohne Goldstandard gibt es keine Möglichkeit Ersparnisse vor der Enteignung durch Inflation zu schützen. Es gibt dann kein sicheres Wertaufbewahrungsmittel mehr. Wenn es das gäbe, müsste die Regierung ihren Besitz für illegal erklären, wie es im Falle von Gold auch so oft der Fall war. Wenn sich jedermann entscheiden würde, seine Bankguthaben in Silber, Kupfer oder ein anderes Gut zu tauschen, und sich weigern würde, Schecks oder Bargeld als Zahlung zu akzeptieren, würden Bankguthaben ihre Kaufkraft verlieren und Regierungsschulden würden keinen Anspruch auf Güter mehr darstellen. Die Finanzpolitik des Wohlfahrtstaates macht es erforderlich, dass es für Vermögensbesitzer keine Möglichkeit gibt, sich zu schützen. Das ist das schäbige Geheimnis, das hinter der Hysterie und Verteufelung des Goldes steckt. Staatsverschuldung ist einfach ein Mechanismus für die versteckte Enteignung von Vermögen. Gold verhindert diesen heimtückischen Prozess. Es beschützt Eigentumsrechte. Wer das verstanden hat versteht auch, warum die Befürworter des Wohlfahrtsstaates gegen den Goldstandard sind…»

Vorbeben

Das Welt-Finanzsystem wankt. *Für jeden in der Realwirtschaft erwirtschafteten Dollar schiessen etwa 350 Dollar in der Finanzsphäre unkontrolliert weltweit hin und her.* Die Bankenwelt ist zu einem gigantischen Kasino mit Millionen von Nullsummenspielen verkommen. Seine Zeit als Kapitalsammelstelle auf der einen und der Kreditvergabe an gesunde Kreditnehmer auf der anderen Seite ist längst vorüber. Es wird im Mega-Stile gespielt und gezockt, dass kein dollarglänzendes Auge mehr trocken bleibt.

Für jeden Dollar an Wertschöpfung in der Produktion müssen über 6 Dollar an neuen Schulden per Kreditaufnahme entlang der

Wertschöpfungskette gemacht werden, und die USA benötigen pro Kalendertag 2,5 Mrd. $ an ausländischem Sparkapital. Beide Notwendigkeiten dienen dem reinen Erhalten und nackten Überleben eines maroden Systems am Tropf. Pleiten von Grossbanken sind an der Tagesordnung und die Nachrichten von immer neuen Zusammenbrüchen erwecken lediglich noch das grosse Gähnen. Finanzbankrotteure sind schon beinahe salonfähig geworden und so gut wie niemand wird bestraft. Im Gegenteil, die meisten der Verantwortlichen verabschiedet man mit einem «Golden Handshake» (wenigstens hier geniesst das Wort *Gold* noch eine gewisse Anerkennung).

Die Rolle des Staates (einst ausschliesslich für die innere und äussere Sicherheit verantwortlich) und seine Einmischung in die Privatsphäre seiner Bürger, mit seinen immer neuen Kontrollmassnahmen, wachsen exponentiell. Die *bürgerlichen Freiheiten* welken dahin. Unter diversen fadenscheinigen Deckmäntelchen der Rechtfertigung wuchern faschistoide Machtapparate in bedrohlicher Weise. Gleichzeitig geht Papiergeld, ohne jede Deckung und in beliebiger Weise vermehrbar, den Weg aller vorangegangenen deckungslosen Geld-Systeme. Sie stellten sich – ohne eine einzige Ausnahme im Laufe der Jahrhunderte eines nach dem anderen, unehrlich wie sie sind – am Ende immer auf ihren wahren Wert ein: *Null*! Es wird auch diesmal keine Ausnahme geben, so sicher wie die Schwerkraft immer nach unten und nicht nach oben zieht.

Edelmetalle sind immer liquide, basieren im Gegensatz zu Papier auf keinem Versprechen irgendeiner Institution, Firma oder Person, und repräsentieren ein Stück Freiheit inmitten wachsender Unfreiheiten und staatlicher Zwänge, einer sich verdunkelnden Welt, in der es auf *Meise* keinen Reim gibt.

Jubel im Kommunistenhimmel

Kein Zweifel, der bisher leise schleichend fortschreitende Sozialismus in der westlichen Welt wandelt sich zum Galopprennen. Derzeit wird gerade das Bankensystem «sozialisiert». Gewinne werden einbehalten, Verluste trägt der Steuerzahler, Kontrolle geht auf den Staat über. Der gute *Karl Marx* muss im Hammer- und Sichelsaal des Kommunistenhimmels zusammen mit *Lenin* und *Stalin* im glorreichen Trio laut jubilieren. Dank den planwirtschaftlich agierenden Notenbanken kommen die Bärtige und seine Lehren endlich zu späten Ehren.

Allererste Auswirkungen des krisenhaften Umsichschlagens des nur noch mit gewaltsamen Mitteln und täuschenden Finanztricks auf der Intensivstation am Leben erhaltenen Koma-Patienten auf die Realwirtschaft sind bereits für Laien sichtbar. Kaufkraftschwund und rasch steigende Arbeitslosigkeit sind die ersten Symptome. Ein möglicher Zusammenbruch, käme er nun schlagartig oder auf Raten, würde Millionen von Existenzen unter sich begraben. Daher ist die private Vorsorge schon längst kein *Kann* mehr, sondern ein absolutes *Muss*.

Tragen Sie hierbei Sorge, dass Ihr Engagement anonym ist und auch bleibt: Ansonsten könnte Ihnen die über alle früheren Käufe bestens informierte «Goldpolizei» der Zukunft nach Abschluss der Konfiszierung einen Gesangbuchvers als Spottliedchen trällern: «*Es ist bestimmt in Gottes Rat, dass man vom Liebsten was man hat – muss scheiden*».

Weltreiche vergehen – Gold bleibt bestehen

Reiche, wie die von Babylon, Ägypten, Rom, Alexander der Grosse und Spanien oder die der Mongolen und Hunnen kommen und gehen. Die letzten vier «Gefallenen» waren das Österreich-Ungarische Reich mit seinem Fall 1918, gefolgt vom Deutschen Reich 1945. Bald darauf starb das Britische Weltreich mit seinem Sturz 1949. Dann war das rote Sowjetische Reich 1989 an der Reihe und jetzt geht gerade das letzte noch verbleibende Weltreich unter und reisst seine voll «dollarisierten» Vasallenstaaten mit in die Tiefe: Amerika als Weltmacht wird das Schicksal seiner Vorgänger teilen. Dieser Fall wird enorme Konsequenzen bis in die Privatsphären hinein haben. *Sich in keiner Weise vorzubereiten gleicht sträflichem Leichtsinn.*

Sind die europäischen bzw. deutschen Banken immun gegen das US-Banken-Bankrottvirus, wie täglich beschwichtigend behauptet wird? Hierzu wenige trockene Zahlen zum Nachdenken: Lehman hatte einen Eigenkapitalhebel von 702 Mrd. $ an «Assets», wovon der Bank 23 Mrd. $ selbst gehörten, hebelte sich also mit rund 30 : 1 durch die Finanzlandschaft. Die europäischen

Banken arbeiten im Durchschnitt mit 35:1, die Deutsche Bank mit 50:1 (hat 2 Billionen Euro Verbindlichkeiten), Barclays Bank mit 60:1 als Hebel (1,4 Billionen Pfund an Verbindlichkeiten). Sie stehen also alle sehr viel schlechter als Lehman und sind entsprechend gefährdeter. Wann geht die Sprengfalle an ihren Tresortüren hoch?

Wie schon seit Jahrhunderten, wenn nicht Jahrtausenden, hat sich ein Investment-Vehikel zur Meisterung aller Krisensituationen, wie Wirtschaftskollaps, totale Finanz-, Banken- oder Börsenzusammenbrüche, Revolutionen, Umstürze, Kriege, Währungsreformen (sprich: Staatsbankrott), Hyperinflationen oder Deflationen wie auch anderer Katastrophen und schwerer Versorgungsengpässe treu und absolut zuverlässig bewährt. Es bietet sich auch im Hier und Jetzt unverändert als wichtiger Teil einer umfassenden Problemlösung an: Das Metall der Könige, ewig, schön, faszinierend, selten, leicht zu transportieren, grenzenlos, frei von Alter, Krankheit und Tod, nicht dank Kontroll-Chips per Satellit verfolgbar, nahezu unzerstörbar und als einzige Währung in allen 194 Ländern der Welt voll anerkannt und akzeptiert: *Gold* natürlich.

Mangel an glaubhaften Alternativen

Doch warum soll man sich eigentlich hier engagieren? Gibt es nicht vielleicht etwas Besseres, eine andere Lösung der zweifelsfrei anstehenden Probleme, oder verbleibt noch viel Zeit? *Antworten* auf diese Kernfragen können Sie auf den folgenden Seiten finden. Sie sind nach Art und Umfang nicht komplett, dies würde den Rahmen dieses Buches sprengen. Sie sollten jedoch wenigstens insoweit aufklären und ausreichen, Sie zum Nachdenken anzuregen und – hoffentlich – die richtige Entscheidung zur privaten Absicherung und Vorsorge treffen zu lassen.

Teilen Sie nicht das unabänderliche Schicksal der Massen in Krisenzeiten und gehören Sie nicht zu denen, die bestürzt und voller Entsetzen ausrufen: «*Mein ganzes Geld ist weg!*» Ihr Geld ist nicht weg, es hat nur jemand anderes – vielleicht Vater Staat, Mutter Bank, Tante Hochfinanz oder schlicht das brandneue System des Finanzsozialismus. Nicht umsonst gilt der gute Papa Bernanke mit seinen massiven Sozialisierungskampagnen bereits als der neue «*Fidel Castro der Wall Street*». Wie die Schaffung sozialistischer Paradiese ausgeht, wurde am Beispiel DDR, Sowjetunion, Ostblock, Nordkorea, Zimbabwe und anderer Mangelwirtschaften höchst anschaulich vorexerziert. Es wird auch diesmal nicht anders sein.

Sie können es sich nicht leisten *untätig* zu bleiben. Die Zeit drängt! Das von den Mächtigen und ihren Medienpapageien als «barbarisches Relikt» verschriehene und massiv preisdrückend manipulierte gelbe Metall wartet, zusammen mit seiner Schwester, dem Silber, geduldig auf seine grosse Stunde, die mit Gewissheit in absehbarer Zukunft kommen wird.

Reihen Sie sich in die vorläufig noch verschwindend kleine Schar der *Barbaren* und *Reliktfreunde* ein und harren Sie geduldig allen Preisschwankungen zum Trotz aus. Sie werden es niemals bereuen und Ihre Liebsten werden es Ihnen danken.

In Sorge um unsere
gesellschaftlichen Werte und Strukturen,
doch mit den besten Wünschen

Prof. Dr. Hans J. Bocker
Bern, im Oktober 2008

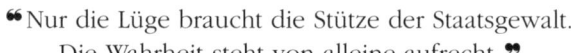

❝ Nur die Lüge braucht die Stütze der Staatsgewalt.
Die Wahrheit steht von alleine aufrecht. ❞

Thomas Jefferson (1743–1826)

ERSTES KAPITEL

Zwanzig Totschlag-Argumente gegen Gold

Zum unerschöpflichen Propaganda-Repertoire der Papiergeld-könige und ihrer Vasallen, die potentielle Investoren abschrecken und Goldhalter zum Verkauf zwingen wollen, zählen, unter vielen, die nachstehenden zwanzig *Totschlag-Argumente*:

1

Gold bringt keine Zinsen

Richtig, jedoch verschwinden in Zeiten der Hyperinflation und Währungsreformen, welche nichts anders als Staatsbankrott bedeuten, die jahrelang aufgetürmten Zinsen zusammen mit dem zugrunde liegenden Kapital. Gold gleicht diese Verluste durch seine Werterhaltung und -steigerung viele Male aus. Die Zinslosigkeit ist ja gerade eine der besten Eigenschaften des Goldes, denn sonst wäre diese Anlageklasse längst auf den Einkommensteuererklärungen aufgetaucht und Goldeigner müssten entweder lügen oder die Anonymität aufgeben und zahlen. Gold generiert kein direktes Einkommen, welches steuerlich zu erfassen wäre. Die besondere Stärke besteht in der *Erhaltung* des Kapitals.

2

Gold ist gefährlich zu transportieren

Auch Papiergeld ist im Transport durch Raub, Überfall, Brand bedroht. Auch kann man Gold zwar nicht «überweisen», aber ein paar Kilo transportiert man genauso schwer oder leicht wie einige zehntausend Dollar oder Euro. Und jede Überweisung wird automatisch erfasst, gespeichert und dient der Totalkontrolle des «gläsernen Bürgers». Flugplatzkontrolleure finden übrigens beides, schreiten aber bei Goldmünzen in der Geldbörse bislang nicht ein, bei Geldbündeln aber sofort. Und da moderne Geldscheine zunehmend mit Chips markiert sind, ist das Aufspüren von Geldscheinen durch neuartige «Scannerpistölchen» des Zolls oder die Autobahn-Mautbalken ein Kinderspiel. Die Mautscanner dienen nur der künftigen Totalkontrolle der Bürger und haben nur scheinbar etwas mit dem LKW-Verkehr zu tun. Die 500er-Noten sind bereits markiert und die niedrigeren Denominationen folgen systematisch, Schritt für Schritt. Gold kann nicht *markiert* und per elektronischer Abtastung erfasst werden, ist also «sicherer» vor enteignendem Zugriff zu transportieren.

3

Gold hat eine viel zu hohe spezifische Masse

Das Metall ist pro Volumeneinheit zwar rund 20 Mal so schwer wie Wasser, aber dürfte eine Feinunze, also 31,104 Gramm, unwesentlich schwerer und jedenfalls raumsparender sein als der Gegenwert in mittelgrossen Scheinen von Papiergeld. Äquivalente in Geldscheinen sind nicht entscheidend leichter. «Dollar- und Pfundpacken», wären mit ihren «grössten» Scheinen von 100 $ bzw. 50 Pfund besonders schwer. Die «Wertdichte» von Papier und Gold ist kein entscheidender Faktor. Die kommenden massiven *Kaufkraftsteigerungen* von Gold werden diese Kennzahl weiter zu Gunsten des Goldes verschieben.

4

Gold unterliegt hohen Preisrisiken

Tja, Gold schwankt im «Preis», zumindest im amtlichen (per Derivate manipulierten) Preis, wobei jedoch physische Metallpreise und Kaufkraft eigene Wege gehen. Papiergeld schwankt ebenfalls im «Preis», sowohl gegenüber anderen Währungen (z. B. Dollar/ Euro oder Euro/Franken), als auch gegenüber Gold (pro Unze). Beide Anlagen unterliegen also tatsächlichen Preisrisiken. Doch wird es zum Einen eine risikofreie Anlage niemals geben und zum Anderen ist ein kaum beachteter Schlüsselfaktor von Bedeutung: Nicht irgendwelche amtlichen Zahlen sondern die Entwicklung der Kaufkraft entscheidet über die Qualität einer Investition. Hier weist der Trend beim Gold nach oben und beim Papiergeld nach unten (stille Enteignung durch steigende Dauerinflationsraten). Daher sind die Risiken der Goldeigner systemisch bedingt geringer als diejenigen der Papiergeldhalter.

Seit 2000 hat sich Gold im nominalen CH-Frankenwert mehr als verdreifacht. Die Kaufkraft ist jedenfalls gestiegen – und das ohne sichtbare Krise. Seit der Einführung des Euro (2002 als Scheine und Münzen) hat diese täglich in den Medien hoch gepriesene Superwährung bereits über 50 % – also mehr als die Hälfte – ihrer Kaufkraft verloren. Der Dollar verlor seit der Gründung der Fed im Jahre 1913 (als kleine hoch private Institution – zur Erinnerung: Der amerikanische Staat hat keine eigene Währung) mehr als 95 % (!!) seiner Kaufkraft. Nur weiter so! Beide Trends werden sich rapide verstärken, beide in Richtung Unterwelt. Vergessen Sie nicht: Sowohl Dollar als auch Euro sind ungedeckte reine und beliebig vermehrbare Papierwährungen. Alle ungedeckten Währungen gingen in der Geschichte **ohne Ausnahme** auf Null.

5

Gold kostet Lager- und Versicherungskosten

Gold im Bankfach (nicht zu empfehlen wegen sofortigem Zugriff des Raubstaates im Falle einer massiven Krise, Ausnahme Schweiz) kostet Gebühren. Ihr Konto kostet Gebühren. Ihre Freundin, das Standesamt wie auch Ihr Hund und Ihr Auto und Führerschein kosten ebenfalls Gebühren. Versicherungen auf Goldbesitz? Sehr zu überlegen, denn damit ist Ihre Anonymität aufgegeben worden. Zuhause an sicherem Ort verwahrt, fallen keine Kosten an. Lagerung in der Schweiz? Es gibt Bankfächer ab 40 Franken pro Jahr (Kantonalbanken). Soviel kostet ein Essen in einer Dorfkneipe.

6

Gold ist ein «barbarisches Relikt»

Ja, Gottseidank! Dieses Relikt kann nicht beliebig nahezu kostenlos vermehrt werden, wie Papiergeld, und ihm werden wir eines Tages das *finanzielle Überleben* verdanken. Gepriesen seien Relikte! Aber die grosse Rettungsaktion der USA-Regierung wird doch alles wieder ins Lot bringen und Gold zur Fussnote in Geschichtsbüchern machen. Oder?

Eher «oder»!

- Die vermeintliche Rettung verschiebt den unvermeidlichen Zusammenbruch nur auf der Zeitachse nach hinten! Und wer rettet die Retter?
- Direkt verzinsbare US-Schulden steigen von 10 auf etwa 18 Billionen $ nach Abschluss der noch jahrelang laufenden «Rettung», zu 5% verzinst wären dann 900 Mrd. $ pro Jahr an Zinsen zu bedienen. Die 1 Billion $-Grenze für Zinsen des Staates kommt in Sicht, steuerlich kaum noch verkraftbar.

Weitere Auswirkungen:

- direkte Bedrohung von Steuerzahlern, in einer Zeit, in der die USA selbst kaum noch solvent sind;
- tödliche Gefahr für Spareinlagen und besonders für Pensionen;
- schafft Inflation. Die meisten Amerikaner, Unternehmen, Regierungen, Städte, Gemeinden, Hauseigner, Kreditkartenhalter etc. sind alle Schuldner, die von inflationären Zeiten profitieren. Wenn zu echten 10% inflationiert würde, sind die Schulden (nach Kaufkraft) halbiert, bevor *Barack Obama* aus dem Amt ist. Ein glänzendes Geschäft der Entschuldung für den Staat und die Mächtigen.
- Es trifft Chinesen, Araber, Russen, Inder, Japaner und auch Schweizer hart. Sie verlieren dann rund 700 Mrd. $ Kaufkraft pro Jahr.
- Es hilft Superreichen und Finanzinstitutionen, eigentlich, der gesamten Hochfinanz, denn diese sind: Schuldner, Geschäftemacher und Krisengewinnler zugleich.
- Es wurde das nächste grosse Kapitel im Handbuch des Sozialismus für die USA und Welt aufgeschlagen. Die Rolle des Staates und seine Macht wachsen exponentiell!

7

Goldbesitz ist sinnlos, denn massive Verkäufe der Zentralbanken werden die Goldbugs zerquetschen wie Maden, die Bank-Reserven reichen ja ewig

Mit dem Zerquetschen hat es bislang noch nicht so richtig geklappt, nur das Manipulieren funktionierte recht und schlecht. Doch wie lange ist *ewig*? Von ihren ursprünglich 40 000 Tonnen haben die Zentralbanken offiziell noch 28 000 Tonnen.

Die im Londoner *Goldpool* Ende der 60er Jahre zur Preisdrückerei eingesetzten Goldreserven kosteten allein die USA rund 10 000 Tonnen, wobei diese Schlacht verloren ging und der Goldpool sich selbst auflöste. Wieviele Tonnen real inzwischen noch übrig sind, bleibt geheim. Experten und Insider schätzen, dass **mindestens** 16 000 Tonnen an befreundete Bullionbanken und andere führende Finanzhäuser ausgeliehen wurden. Die entstandenen Forderungen werden fortlaufend von einem Jahr ins nächste hinein «gerollt». Darüber hinaus verkauften die Zentralbanker unbekannte Tonnagezahlen schlicht am Markt.

Man beachte: Sogar die Deutsche Bundesbank bilanziert diesen Vermögensposten nicht mehr als *Gold* wie früher, sondern als *Gold und Goldforderungen*. Könnte es nicht sein, dass inzwischen dieser Posten zu 10 % aus *Gold* und zu 90 % aus *Forderungen* besteht? Auskunft hierüber wird nicht erteilt. Sollten diese Forderungen von 16 000 Tonnen wirklich realisiert werden, müssten die befreundeten Kumpane der Goldbankenszene etwa acht Weltjahresproduktionen am freien Markt Unze für Unze kaufen und dem Volk als rechtlichem Eigentümer wieder zurückerstatten. Eine solche Aktion würde den Goldpreis auf einige Millionen $ pro Unze treiben, abgesehen davon dass die physische Lieferung unmöglich wäre. Dieses Gold kann **niemals** wieder zurückgegeben werden.

Eines Tages wird diese bisher vermeintlich schlau verdeckte Wahrheit ans Licht kommen. Bis dahin vermeiden die Amerikaner und andere Regierungen eine Inventur ihrer *Goldbestände* mit der aberwitzigen Begründung «*Dies ist zu teuer*». Der Verfasser würde diese Aufgabe mit fünf seiner Studenten an einem Mittwoch Nachmittag spielend zum Nulltarif erledigen. Er würde dabei auf in den leeren Regalen von Fort Knox liegende Schuldpapiere stossen, mit der Inschrift: «*Hiermit schulden wir dem amerikanischen Volk 7000 Tonnen Gold. Mit freundlichen Grüssen Goldmann Sachs als Konsortialführer.*»

Ob von den offiziellen 8400 Tonnen der USA noch 2000 übrige sind, steht in Zweifel. Ob von den fast 4000 Tonnen der Deutschen von denen niemand weiss, wo sie liegen (keine Auskunft, nicht einmal an Bundestagsabgeordnete und Politiker) noch eine einzige Tonne vorhanden ist, muss ebenfalls massiv in Frage gestellt werden. Kommt dieser gigantische Betrug eines Tages ans Licht, dass eben das Gold der Nation auf *mysteriöse Weise* verschwand, und besonders dann, wenn die Kaufkraft einer Unze sich auf ein Mehrfaches des derzeitigen Niveaus beläuft, dürfte der Volkszorn keine Grenzen mehr kennen.

Die Zentralbanken werden weiterhin preisdrückend Gold verkaufen, bis ihnen die Munition ausgeht. Im Sommer 2008 wurden einige Patronen verschossen. Ausserdem bricht ihre Phalanx auf: Die Zentralbanken der Chinesen, Russen, Araber, Asiaten und andere kaufen bereits Gold auf. Dies wirkt preisstützend. Eines Tages dürften grosse Teile der rund 7 Billionen schweren Dollarberge, die ausserhalb der USA gehalten werden (China, Russland, Indien, Japan, Arabien, Europa), ihren Weg ins Gold finden. In Anbetracht des rasant verfallenden Dollars wird allein der Selbsterhaltungstrieb dafür sorgen. Wer möchte denn schon gerne 7 Billionen $ verlieren?

Ausserdem wird der früher so immens lukrative «Gold-carrytrade» sein unrühmliches Ende finden. Sich Gold von der Zentralbank zu 0,5% zu leihen, dieses auf den Markt zu werfen und in Aktien mit durchschnittlich höheren Renditen zwischen 1983 und 2000 oder in Obligationen mit 5% anzulegen, brachte den Bullionbanken im Laufe der Jahre ungerechtfertigte und unverdiente Riesenprofite. Steigen die Leihgebühren oder haben die Zentralbanker nichts mehr zum Ausleihen, bleibt die Rückgabeverpflichtung mit einem entsprechenden Nachfrageschub von vielleicht 16 000 Tonnen am freien Markt.

An solche *erdbebenähnlichen Vorgänge* wagt der Verfasser nicht einmal zu denken.

8

Goldeigner müssen in einer Rezession mit deflationionären Tendenzen notgedrungen verkaufen, mit Kellerpreisen im Gefolge. Einkommen schrumpfen, Geld wird knapp

Diese Aussage enthält Teilwahrheiten. Doch auch in deflationären Zeiten sowohl unter goldgedeckten als auch unter reinen Papierwährungen, hat sich Gold in den vergangenen Jahrhunderten sehr gut gehalten. Im Prinzip sind die Preise für lebensnotwendige Güter um beispielsweise 80 % gefallen (Bargeld ist Trumpf), während der Goldpreis nur um 20 % fiel. Gold fällt also viel weniger schnell (wenn überhaupt), als das übrige Preisniveau.

Ausserdem wird festverzinsliches Anleihegeld in Zweifel gestellt, und Geld flüchtet aus den Bondmärkten und aufgehäuften Papiergeldbergen. *Gold steht als letzter Rettungsanker fest.*

9

Gold wird von den reicher werdenden Asiaten vermehrt durch Papiergeld ersetzt

Eher das Gegenteil ist wegen deren traditionellen Gold-Affinität dieser Volksgruppen der Fall, wie die dort rasant steigenden Verkaufszahlen der Goldbörsen beweisen. Indien ist und bleibt Hauptabnehmer und absorbiert in der Grössenordnung von einem Drittel der Welt-Goldproduktion, Jahr für Jahr. Im September 2008 bestellten die Inder zudem eine *Extramenge* von 360 Tonnen Silber, über die normalen Lieferungsquoten hinaus. Parallel hierzu investiert die chinesische Mittelklasse beachtliche Beträge in Gold.

10

Goldbesitz wird durch die Regierungen als illegal erklärt. Enteignung droht

Dies hat einige Male funktioniert z. B. ein halbes Jahrhundert in sowohl den USA (Zuchthausstrafen) als auch in der Sowjetunion

(Todesstrafe) und anderen kommunistischen Diktaturen. Doch der grösste Teil blieb versteckt, wurde ins Ausland verbracht und entging der Konfiszierung. Ein Goldverbot würde heute eine global synchronisierte Mega-Aktion erfordern. Unmöglich durchführbar in Indien (mit seinen etwa 27 000 Tonnen), in der Schweiz und anderen Ländern. Dort würde versteckt, geheim gehortet und ins Ausland transferiert. Ausserdem wurden Krügerrande, Maple Leafs, Eagles, Nuggets und andere Goldmünzen jahrzehntelang intensiv beworben. Die Bevölkerung wäre völlig verwirrt, wenn aus einer Jahrzehnte hindurch beworbenen Tugend über Nacht ein krimineller Akt würde. Nebenbei: Silberbesitz war noch nie in der Geschichte illegal!

11

Gold würde dann von den gesetzestreuen Bürgern klaglos abgeliefert

Dies dürfte eine Wahnvorstellung bleiben. Beim Geldbeutel und dem Schutz der Familie hört die Regierungstreue glücklicherweise auf.

12

Gold kann man nicht essen

Wahr, *König Midas* fand das auf die harte Tour heraus. Selbst die Getränke gerannen ihm zu Goldklumpen in der Kehle. Sogar die eigene Tochter verwandelte der Gute in eine güldene Statue, indem er sie, auf verzweifelter Nahrungssuche, berührte, obwohl sie schlecht *essbar* war.

Insgesamt handelt es sich hier um ein uraltes, immer wiederkehrendes, jedoch absolut blödsinniges Argument. Man kann massenhaft Nahrungsmittel und ganze Farmen für unessbares Gold kaufen. Ausserdem sind Geldscheine, Wohnungen, Häuser, Autos, Maschinen, Diesel, Dynamit, Rohöl, Waffen, Diamanten, Aktien, Backsteine, Zement, Dünger, Derivate oder Vermögensrechte, Getränkeflaschen, Verteidigungsanwälte, Leibwächter, Rohstoffminen. Leuchttürme, Konturraketen, U-Boote, Patronen oder treue Mitarbeiter auch nicht essbar (einige vielleicht unter allergrössten Schwierigkeiten, und alle Pilze sind essbar, manche jedoch nur einmal).

Selbst wenn Gold essbar wäre, wie Bohnen mit Speck, wären die winzigen Vorräte von rund 160 000 Tonnen Weltgold in wenigen Tagen von einer hungernden Bevölkerung (fast 7 Mrd. Menschen) aufgezehrt.

Weltweit halten Goldbesitzer nur einen Wert von etwa 0,8% aller Finanzvermögen. In Jahren der Flucht aus den Papierwerten, wie 1934 und 1980 verloren die Menschen das Vertrauen in den Wertpapiersumpf, so dass der *Goldgesamtwert* etwa 20% aller Finanzwerte erreichte – obwohl Gold nicht essbar war. Derlei Phasen werden wiederkehren – und dies bald. Man beachte: In solchen Zeiten ist der Goldwert nicht gestiegen, wohl aber der *Papierwert gesunken!* Das **Motto**: Nicht so sehr reich mit Gold, als vielmehr nicht arm durch Papier werden.

13

Gold ist einfach zu schwer

Ja, für die, die keins haben oder für diejenigen, die mit mehreren Tonnen Gold über verschneite Gebirgszüge hinweg flüchten müssen.

14

Gold kann ganz leicht mit Metalldetektoren aufgespürt werden

Abgesehen von detektorensicheren Verstecken müssten 73 Millionen amerikanischer und 170 Millionen europäischer Haushalte durchsucht werden. Nicht zu sprechen von einer Milliarde Haushalte auf den übrigen Kontinenten.

Weltweit stünde die noch zu gründende *Internationale Goldpolizei* (IGP) vor der kleinen Aufgabe, hunderte von Millionen Häuser, Wohnungen und Hütten zu durchsuchen. Hierfür wäre ein Millionenheer amtlicher Goldaufspürer erforderlich. Wovon sollen diese von bankrotten Regierungen bezahlt werden?

15

Gold ist einfach stinklangweilig

Das sage einem Mann, der den schweren Fehler begeht, mit Frau oder Freundin vor den Auslagen eines Juweliergeschäftes stehen zu bleiben. Der verzückte Glanz in weiblichen Augen macht dieses Argument lächerlich. Ausserdem sehe man sich eine 2-Unzen Nuggetmünze an. Wer da ob der glanzvollen Schönheit und Faszination nicht weich wird, dem ist nicht zu helfen.

16

**Gold kann leicht ein Raub der Flammen werden,
wenn das Haus abbrennt**

Das Abbrennen von Wohnhäusern ist keine tägliche Routineübung und Papiergeld brennt viel besser. Dennoch: Das Verbergen im Keller, Fundament, starken Steinmauern, Garten oder sonst unter Grund oder im feuersicheren Safe beugt dem vor. Wertpapiere dagegen sind durch ein einfaches Streichholz, Säure, Chemikalien oder einfaches Wasser zu vernichten. Noch schlimmer: Elektronik-Geld verschwindet durch die einfache Bewegung eines primitiven Stab- oder Hufeisenmagneten.

17

Gold ist tot

Tot vielleicht in den Köpfen der Propagandisten und Medienschreiberlinge. Deren Tod ist jedoch viel wahrscheinlicher als der eines die Jahrtausende spielend überstehenden Edelmetalles.

18

Goldbesitz und Reichtum sind gegen die sozialistische Gleichheitslehre, Reichtum ist Diebstahl

Ja, für die neidischen, besitzlosen, manipulierten und indoktrinierten Massen, doch hat das Wohlsein meiner Familie Vorrang vor marxistischen Phrasen. Zudem: Haben Sie und ich unser mühsam erarbeitetes bescheidenes Vermögen gestohlen?

19

Gold bedeutet nichts, keine Dividende, keine Funktion in der Gesellschaft, keine wirtschaftliche, finanzielle und nur minime industrielle und bankgeschäftliche Bedeutung, ein gelber Abfall

Wenn Gold ohne Bedeutung ist, wieso horten dann die Zentralbanken Tausende von Tonnen dieses *Nichts*? Und wieso streben die gewaltigen Mittelklassen in Indien und China danach, soviel wie möglich von diesem gelben Abfall zu ergattern? Es ist der marktgängigste und dementsprechend werthaltigste Stoff überhaupt.

20

Goldgier versklavt

Im Gegenteil, Goldbesitz befreit von den politisch gewollten Zwängen des Kollektivismus. Das Papiergeldsystem versklavt. Es ist eines der betrügerischen, hochgradig ungerechten und bald zerfallenden Machtmittel eines Staates, der zunehmend faschistoide Züge annimmt. *Faschismus* ist definiert als der gemeinsame Marsch und die unheilige Allianz von Regierung, Grosskapital und Grosskonzernen im Kollektivismus mit seinen brutalen Zwängen. Diese hasst Gold als ein Element individueller Freiheit und nutzt Papiergeld als Machtmittel schrittweiser Versklavung.

“Je höher die Staatsschuld,
desto grösser die künftige Enteignung der Sparer
und privaten Vermögensbesitzer. ”

Roland Baader – Freiheitsfunken

——— ◆ ———

“Erzähle mir die Vergangenheit,
und ich werde die Zukunft kennen. ”

Konfuzius (551–479 v.Chr.)

——— ◆ ———

“Die reine Goldwährung
oder die zu 100 Prozent goldgedeckte Währung
ist der einzig wirksame Schutzzaun, der zwischen
Bürgern und Leviathan errichtet werden kann.
In dem Moment, in dem die Bürger
eine staatliche Papiergeldwährung akzeptieren,
gibt es kein theoretisches und kein praktisches Hindernis mehr
gegen ihre vollständige Ausbeutung und Versklavung –
auch nicht in Form einer noch so perfekten Verfassung. ”

Roland Baader – Freiheitsfunken

——— ◆ ———

“Alles Papiergeld kehrt am Ende
unausweichlich zu seinem wahren
inneren Wert zurück: Null! ”

Voltaire (1694–1778)

Zweites Kapitel

Sieben Investmentkriterien

In Kontrast zu den im ersten Kapitel erwähnten zwanzig Kontraindikatoren in Form von Totschlag-Argumenten glänzt das Sonnen-Metall stetig mit sieben zentralen Charakteristiken bzw. Investmentkriterien. Nur Gold und keine der alternativen Anlageklassen erfüllt alle sieben dieser Kriterien:

1

Gold ist tragbar und transportierbar

Dies gilt nicht für Schwerkranke, instabile Chemikalien und Sprengstoffe, Weizenfelder, Farmen, Immobilien, Wälder, Milch in Taschen mit Löchern, Fischgründe, Seifenblasen oder Verantwortung von Politikern.

2

Gold ist leicht erkennbar

Nicht gültig für die Intelligenz amerikanischer Präsidenten, Banknoten aus obskuren Ländern, Spione, Verwendungszwecke grosser Posten im Staatshaushalt, diverse Sorten Rohöl, Fehlerhaftigkeit von Automobilen, Maschinen, Häusern oder künftigen Ehepartnern, Polizisten in Zivil, unmarkierten Autobahnstreifen oder wohlversteckten Blitzern im Strassenverkehr. Gold erkennt selbst ein Eskimo, Bodekude, marodierender Tunguse, Affenmensch, Kannibale, Zoowärter-Untergehilfe, Vize-Zuchtwart des Kaninchenzüchtervereins, ein aus mehrjährigem Koma Aufwachender und möglicherweise sogar der Bushkrieger aus Washington.

3

Gold ist dauerhaft

Der *Geronnene Schweiss der Götter* hat Ewigkeitscharakter, ist nahezu unzerstörbar. Kann jahrtausendelang unversehrt im aggressiven Seewasser liegen.

4

Gold ist teilbar

Es ist leicht teilbar, praktischerweise nicht mit der Kneif- oder Kombizange sondern in bereits aufbereiteter Form diverser Denominierungen, die vom 1-Gramm Barren über die gängigen 1-Unzen Münzen bis zur 100 Kilo-Münze oder sogar bis zum 1-Tonnen schweren Gussstück reichen. Dies trifft nicht zu für Immobilien und Dienstleistungen: Beispielsweise kein halber Haarschnitt, halber Ölwechsel, halbe Massage, halbe Frau, Einzelkinder, Sklaven, Diener, Haustiere (*«du kannst ein reichliches Drittel der Katze haben»*), Pächter, Mieter oder Verkehrspolizisten und mehr.

5

Gold hat im Verhältnis zum Gewicht oder Volumen einen hohen Wert, bzw. eine grosse Wertdichte

Das Metall gehört auch zur juristisch definierten Klasse von *Kleine Dinge von grossem Wert*. Mit steigender Kaufkraft wird auch die Wertdichte oder Werthaltigkeit höher.

6

Gold ist die einzig weltweit freiwillig anerkannte *Währung*

In allen 194 Ländern wird Gold als Handelsware, Vergleichswert, Kaufkraftspeicher, Tauschobjekt oder Schmuck in Krieg und Frieden voll anerkannt. Diese Universalwährung wird entweder auf freien, oder je nach Gesetzen, grauen oder schwarzen Märkten gehandelt, und versagt auch in Notsituationen nicht: Im eingeschlossenen Saigon kamen nur südvietnamesische Offiziere, die eine Handvoll Gold (nicht Dollar) anboten, in die letzten US-Hubschrauber. Die zurückbleibenden Massen ohne Gold wurden nur Stunden später von den Kommunisten erschossen.

7

Gold besticht durch Schönheit, Seltenheit und Faszination

Gold ist ewig und ewig schön. Da die Produktionsraten weltweit stetig fallen, schrumpfen die Neugoldmengen im Laufe der Jahre immer weiter. Neue Funde werden immer seltener. Die Förderkosten pro Einheit steigen. Es wird *seltener* im Verhältnis zum exponentiell anschwellenden Papiergeld-Ozean, zu den Industriemetallen und anderen Wertträgern. Das in einem Würfel von 18 m Kantenlänge zusammenfassbare *Weltgold* ist extrem selten im Verhältnis zur Erdmasse, zu den Massen der Weltmeere, und im Vergleich mit den meisten Elementen des Periodensystems. Die Faszination erlischt nicht mit dauerhaftem Umgang, Menschen werden nicht überdrüssig oder gelangweilt, auch nicht nach lebenslanger *Gewöhnung*. Gold wird nie zum *Wegwerfartikel* sondern bleibt *Statussymbol* auf Dauer, begleitet von einem gewissen Grad an *Mystik*.

———————◆———————

❝In einer Welt der Täuschung
ist das Aussprechen der Wahrheit
ein revolutionärer Akt.**❞**

George Orwell (1903–1950)

" Ungedecktes Papiergeld
ist das grossartigste Werkzeug der Ausbeutung,
das die Herrschenden jemals erfunden haben. "

Roland Baader – Freiheitsfunken

" Die Geschichte des Papier-Kunstgeldes ist nicht viel mehr
als ein Register finanzieller Torheiten und Inflationen.
Das heutige Zeitalter sorgt für einen weiteren Eintrag
in dieses Register. "

Hans F. Sennholz (1922–2007)

" Es ist eine typisch sozialistische Idee,
dass das Profitmachen ein übles Laster und eine Sünde sei.
Ich denke jedoch, dass die permanente Erzeugung von Verlusten
ein übles sozialistisches Laster
und eine schwere wirtschaftliche Sünde ist. "

Winston Churchill (1894–1965)

———————— ◆ ————————

" Der sicherste Weg einen Staat oder Mann zu ruinieren,
der nicht weiss, wie man mit Geld umgeht, besteht darin,
ihm viel Geld zu überlassen. "

George Bernard Shaw (1856–1950)

DRITTES KAPITEL

Mögliche Gründe Gold zu besitzen

Ungeachtet aller Gegenargumente und der immer weiter laufenden Antipropaganda, sei sie schleichender oder offener Art, und ungeachtet der preisdrückenden Manipulationen an der New Yorker Comex, verbleiben – abgesehen von den vorstehenden positiven sieben Grund-Charakteristiken – über *hundert Gründe Gold zu besitzen*. Sie zeigen nachstehend auf, warum Gold als Anlagevehikel ein Gebot der Stunde ist:

▶ Gold stellt einen Rohstoff dar, für den es immer einen freien, grauen oder schwarzen Markt gibt.

▶ Gold als ein Edelmetall bleibt immer selten, schön und faszinierend mit speziellen metallischen, chemischen und physikalischen Eigenschaften.

▶ Gold verbleibt immer das Ausgangsmaterial für höchstwertige Münzen, Medaillen oder Barren.

▶ Gold ist neben Silber das einzig echte *Geld*. Es braucht keine Lügen- und Täuschungspropaganda, hält stets, was es verspricht, besonders in seiner Kaufkraft, im Gegensatz zu abstürzenden Aktien, wertlos werdenden Bonds, platzenden Wechseln und Schecks und anderen *Wertpapieren*. Eine Unze bleibt immer eine Unze, auch wenn der Papierpreis schwankt. Ihre Kaufkraft geht nie auf Null, so wie Papiergeld, dem die Masse der Menschen bisher nahezu unbeschränkt vertraute.

▶ Ohne Gold wäre die heutige Schmuckindustrie unvorstellbar. Das Schmuckbedürfnis ist Menschen angeboren.

▶ Gold bewahrt nicht nur echte *Werte* in Form von erarbeiteter Kaufkraft oder Kulturgütern auf, sondern gewinnt auch an kaufkraftorientiertem Wert, besonders in Krisenzeiten.

▶ Gold steht in zahlreichen Variationen und Formen auf der Wunschliste vieler Sammler und Liebhaber, als verarbeitete Kulturgüter, wie historischen Schmuck, religiöse Objekte, goldene Uhren oder goldverzierte Waffen, Bestecke, vergoldetes Porzellan oder goldene Ziergefässe. Attraktive Goldmünzen erhalten kulturelles Erbe durch aufgeprägte Symbole wie Hoheitszeichen, Kultursymbole, Kunstobjekte in besonders ansprechender Form.

▶ Gold zieht Spekulanten an, die den Markt beleben und für Liquidität sorgen.

▶ Gold und sein Ruf sind von Mythos und Magie umgeben.

▶ Gold verschafft Gefühle der Sicherheit, Geborgenheit und seinen Besitzern einen ruhigen Schlaf.

▶ Gold hat alle Zeitalter hindurch seine Eigner aus den Klauen der schleichenden oder galoppierenden Inflation gerettet.

▶ Gold repräsentiert *Notgeld* oder *sicheres Krisengeld* mit Versicherungscharakter.

▶ Gold wurde durch alle Zeitläufe hindurch stets als eine echte *Währung*, zumeist sogar *offiziell* anerkannt, unabhängig von Zentralbanken und finanziellen Regulierungen und Vorschriften. Verlor es auch seinen offiziellen Charakter, der private Sektor erkennt es dennoch an. Gold repräsentiert *freies Geld für freie Bürger.*

▶ Gold wird als amtliche *Reserve* bei den Zentralbanken gehalten.

▶ Gold repräsentiert ein Instrument gegen fiskalische Unverantwortlichkeiten der Politiker, zumindest unter einem Goldstandard. Volksbeglückung auf Pump, Schuldenmacherei ohne Ende und die Finanzierung von Kriegen kämen unter einer goldgedeckten Währung zu einem jähen Ende. Fleissigen, sparsamen und effizient arbeitenden Nationen würde Gold zufliessen. Länder mit fauler und unproduktiv arbeitender Bevölkerung mit Kasinomentalität und einer Arbeitseinstellung «Komm ich heut nicht, komm ich morgen» würden durch Goldabflüsse bestraft. *Geld darf nur soviel gedruckt oder durch Kredit geschaffen werden, wie dem realen Wirtschaftswachstum entspricht, Damit wären Inflation und Deflation Geschichte.* Daher hassen Politiker, Banker, Finanzhäuser und vor allem Zentralbanker Gold, da es sie zugunsten eines kerngesunden Wirtschafts- und Finanzsystems extrem beengt. Geldschöpfung aus dem Nichts wäre unmöglich. Derivategebirge, Zeiten extremer Zinssätze (hoch oder niedrig), Spekulationsorgien, Riesendefizite im Haushalt und Aussenhandel, unkanalisierte Petrodollarströme, Wahlgeschenke, Immobilenzusammenbrüche, Blasenbildung, Platzen derselben und Schuldenbergketten fänden sich nur noch in Gruselfilmen. Was Wunder, dass die Hochfinanz und die Politiker Gold fürchten wie der Teufel ein Bataillon weihwasserbesprengter Nonnen und daher die Preise mit allen Mitteln nach unten manipulierten. Die Rückkehr zu einem Goldstandard wäre gleichbedeutend mit dem Ende ihrer Macht, dem Ende des Dollars, der systematischen Täuschungen, der Bilanzfälschungen und des getarnten Betrugs, denn Gold ist absolut *ehrlich.*

Einige Entwicklungen dieser Art: Um den Zusammenbruch zu verhindern wird …

1. das Ausland ein bisschen zur Kasse gebeten: «wir haben ein Weltfinanzsystem, also müssen alle Beteiligten mit retten und mit zahlen …» (USA-Finanzminister *Paulson*);

2. ein bisschen betrogen: 500 Mio. $ durch die deutsche KfW Bankengruppe (Kreditanstalt für Wiederaufbau – Anstalt öffentliches Recht) wurden in eindeutig betrügerischer Absicht an Lehman Brothers überwiesen, als die Medien bereits öffentlich deren Pleite auswalzten. Das Ganze also letztlich zulasten deutscher Bankkunden und Steuerzahler. Manche dummen Schafe werden wacker bis aufs Blut geschoren;

3. ein bisschen getäuscht: In der gleichen Daten-Veröffentlichung wirkten das Statistische Amt der USA Ende September 2008 eine Art *biblisches Wunder.* Einerseits wurde die Teuerungsrate mit 1,3 % als ein 10-Jahrestief ausgewiesen, wobei die reale Inflation gegen 10 % zu liegen kommen sollte. Jedenfalls wurden vom nominalen Wirtschaftswachstum 1,3 % als «*Inflation Deflator*»

abgezogen, was inmitten einer fatalen und weithin sichtbaren Krisensituation ein sattes amtliches Wirtschaftswachstum von, wohlgemerkt 3,3% ergab. Verwunderlich nur, dass in den letzten Monaten rund jeder *fünfte Amerikaner* in einer so herrlich expandieren Wirtschaft jedwede Zahlung an Pensionskassen oder für Alterssicherung aufgrund einer, wie es hiess, «*schwierigen wirtschaftlichen Situation*» einstellen musste.

Andererseits wurde die Teuerungsrate in einer anderen Sektion derselben statistischen Veröffentlichung mit dem Etikett eines «*19-Jahreshochs*» versehen. Wir hatten also höchst offiziell ein Viel-Jahrestief und ein Viel-Jahreshoch derselben Grösse zur gleichen Zeit. Damit aber wurde «Bernanke kadabra Bush salabim» – einer erstaunten Welt und überglücklichen Finanzszene ein hochsolides «Wirtschaftwachstum» von **plus** 3,3% präsentiert – oder besser – vorgegaukelt – mit einem gewaltigem Sprung der Börsenkurse im Gefolge. Schon die Römer wussten: *Mundus vult decipi, ergo decibiatur.* Die Welt will betrogen sein, also werde sie betrogen. In Wahrheit lag ein **minus** von wenigstens 3%!!! vor. Die Wirtschaft war geschrumpft! Die Zahlen der Finanz-Gaukler erreichen wundersame Werte wie aus der Zauberschule des *Harry Potter*, und ihre Unverfrorenheit kennt keine Grenzen. Doch das getäuschte Ausland schickt weiterhin seine Ersparnisse in diese scheinbar so *hochsolide, gesunde und wachstumsstarke Volkswirtschaft*, um gigantische Misswirtschaft, Kriege, das Über-Die-Verhältnisse-Leben und die Kosten für den selbsternannten Weltpolizisten freundlicherweise zu übernehmen und das USA-Finanzsystem vor dem Aus zu bewahren. Wie lange noch?

4. ein bisschen brutale Gewalt angewendet: 13 000 Menschen nebst Gepäck wurden im Zuge von *Operation Athena* brutal durchwühlt und ausgezogen an deutscher Grenze sowie in Zügen, auf Bahnhöfen und Flugplätzen (Sept. 2008). Hämische Zöllner, frech grinsend: *Geldschmuggel ist Schwerkriminalität* (sprich über schwerverdientes und versteuertes Geld darf nicht mehr frei verfügt werden. Auch wenn der Betrag unter der amtlichen Obergrenze von 10 000 € liegt). Das Ganze wurde als Vorstufe zur totalen Devisenkontrolle durchgeführt! Diese wird leider kommen! War als erster Test auf die Reaktion der Bevölkerung gedacht, zwecks Einführung von **Brutopia**, regiert vom Euro-Regenten **Ruino** dem **Ersten** aus Brüssel.

▶ Gold hat *inneren* Wert, also Wert *an sich* der an kein Versprechen einer Person, Firma, Organisation oder Regierung und deren Liquidität und guten Willen geknüpft ist. Weitsichtige Anleger kaufen Gold (Münzen) und verkaufen Goldman (Aktien, Bonds, Zertifikate)!

▶ Gold ist immer liquide, auch wenn andere Zahlungsmittel längst illiquide oder zusammengebrochen sind.

▶ Neugold ist wie Rohöl nicht nur knapp sondern ist immer schwieriger zu finden, immer teurer aus grösseren Tiefen in schwächeren Konzentrationen zu gewinnen und aufwendiger im Extraktionsprozess. Die grossen, billigen und leicht abzubauenden Lager sind alle gefunden worden und weitgehend erschöpft. Experten rechnen damit, dass etwa 70% aller wirtschaftlich abbaubaren Lager bereits gefunden und ausgebeutet wurden: Der Rest wird sehr viel aufwendiger zu fördern sein.

▶ Gold wird knapper. Die grüne Welle, weltweite Protestaktionen gegen Goldminen (wegen der toxischen Rückstände im Steigen begriffen), schärfere Auflagen und steigende Energiepreise (im Moment temporär rückläufig) erschweren den Abbau. Es bedarf viel höherer Preise, um neue. immer marginalere Vorkommen in Gegenden mit schwacher Infrastruktur zu erschliessen.

▶ Öl- und Rohstoffproduzenten diversifizieren mehr und mehr aus dem Dollar als Zahlungsmittel (*Saddam* im Irak machte den Anfang) mit Gold als einer Komponente. Dies sorgt für langfristigen Preisauftrieb. Auch die anderen Währungen gehen den Weg allen Fleisches, verlieren automatisch an Kaufkraft. Ein System von Zahlung gegen echten, nachhaltigen Gegenwert im Handel, in Form von Gütern, Gold oder Rohstoffen, also *Sachleistung gegen Sachleistung*, bahnt sich an. Das Dollar-Weltmonopol wird enden wie alle Monopole zuvor.

▶ Gold können Sauerstoff, Schwefel, Chemie, Salz- und Süsswasser, Sonnen- oder anderes Licht, Säure und Base sowie Tiere, Algen oder Pflanzen – und einfach der Zahn der Zeit – nichts anhaben.

► Gold ist der beste Inflationsschutz und schlägt sich auch in der Deflation wacker. In der Vergangenheit stieg der Goldpreis in der Deflation sogar einige Male stärker, als unter spiegelbildlich vergleichbaren Inflationsschüben, wie die jüngsten Beispiele der Krisen in Asien, Japan. Mexiko und Argentinien in den vergangenen zwei Jahrzehnten bewiesen. Goldpreise mögen in deflationären Zeiten nominal etwas zurückgehen, doch das allgemeine Preisniveau der Wirtschaft sinkt sehr viel stärker bzw. schneller.

► Goldminen-Aktien glänzten besonders in Zeiten der Deflation durch starke Performance. Zwischen 1929 und 1936, als die Aktienmärkte um bis zu 90 % einbrachen, stiegen die Kurse der Goldproduzenten Dome und Homestake von 5 auf 35 $ bzw. von 6 auf 68 $. Battlemountain verteuerten sich um etwa das Zwölffache.

► Die Zentralbanken der westlichen Länder haben fast kein Gold mehr, und sie verliehen heimlich grosse Teile ihrer Bestände an befreundete Bullionbanken, Hedgefonds und andere *Finanzinstitute*. Genaue Zahlen werden geheimgehalten, doch müssen schätzungsweise 16 000 Tonnen (rund 8 Welt-Jahresproduktionen) eines Tages zurückgegeben werden, die nur am offenen Markt beschaffbar sind.

► Die preisdrückenden Forward-Verkäufe der grossen Goldminen haben prinzipiell aufgehört und viele stellen ihre früher eingegangenen Hedging-Positionen Schritt für Schritt glatt.

► Für diejenigen, die bis hierher gelesen und ausgehalten haben, hier als Anreiz zum Weiterlesen noch ein Highlight: Alles greifbare Gold, was die Menschheit seit dem Verschwinden von Atlantis zusammentrug (Zahnkronen, Masken, Barren, Münzen, Schmuck, Bleche, Zentralbankgold usw.) beläuft sich auf reichlich 160 000 Tonnen und jährlich kommen grob gesprochen 2000 Tonnen hinzu. Die Gesamtmassen aufgehäuft, eingeschmolzen und in Würfelform gegossen, ergäbe eine Kantenlänge dieses Goldwürfels von ganzen 18 Metern, soviel wie zwei 747 Boeingflugzeuge oder zwei Achtfamilienhäuser aus massivem Gold. Das ist alles. Dieser Würfel nähme sich unter die unteren Stützbögen des Eiffelturms gestellt, sehr bescheiden aus. Der Goldmarkt ist daher unglaublich eng, d. h. er reagiert mit scharfen Preisreaktionen schon nach relativ kleinen Kauf- oder Verkaufsorders.

▶ Wenn auch nur 1% aller Investoren der Welt, die in den Aktien- und Bondmärkten engagiert sind, mit ihrem Kapital *ins Gold* gingen, schösse der Unzenpreis aufgrund dieser Enge sofort auf mehrere 1000 $. Entschiede sich die Hälfte der Kapitalhalter für diese Alternative, könnte sich der Preis für ein Krügerrand leicht im fünfstelligen Bereich ansiedeln. Immerhin stecken weltweit etwa 150 Billionen US $ in Bonds und Aktien, während das Weltgold zu heutigen Preisen sich auf ungefähr 5 Billionen US $ stellt. Ein anderer Aspekt: Die Millionäre und Milliardäre der Welt halten zusammen etwa 200 Billionen US $, der Rest der Menschheit etwa 800 Billionen US $ an *Vermögen*. Es stünden hier eine Billiarde $ gegen 5 Billionen US $. Beide Grössen stehen also in einem Verhältnis von etwa 200 : 1. Gut für Gold!

▶ Gold ist immer noch extrem *billig*, also seine Kaufkraft, gemessen an seinem wahren inneren Wert, viel zu gering. In der Vergangenheit konnten sich fast nur wirklich *Reiche* Gold leisten. Heute kann selbst der einfache Rentner im Laufe der Jahre einige Unzen ansparen. Zwar wurde das alte Hoch vom Januar 1980 (Einmarsch der Sowjets nach Afghanistan) in Höhe von 852 $ 2008 endlich übertroffen, aber dies ist eine Milchmädchenrechnung, da es nicht auf die Zahl ankommt, sondern darauf, was man sich pro Masse Einheit kaufen kann. Heute muss man ungefähr 2500 $ auf den Tisch legen, um dasselbe aus dem Warenkorb zu erhalten, was man 1980 für 852 $ kaufen konnte. Der Goldpreis ist also noch weit von seinem alten Kaufkraft-Hoch entfernt. Erfahrungsgemäss wird dieses alte Hoch auf dem Höhepunkt der nächsten Krise (die Zyklenzeit beträgt etwa 30-35 Jahre) in der Spitze um das 20- bis 30-fache übertroffen. Geschähe dies in den nächsten Jahren wieder, entspräche dies einem Unzenpreis in der Spanne zwischen 40 000 und 60 000 $, falls es den Dollar bis dahin überhaupt noch gibt.

▶ Noch nie in der Geschichte hat sich der Strom der Finanzprodukte und Währungsmengen so weit von der realen Wirtschaft entfernt, wie heute. Für einen Dollar, der real an Wert erzeugt wird, kreisen etwa 350 bis 400 $ von irgendwelchen *Papierwerten* am Finanzhimmel. Aktien, Bonds, hypothekengestütze Verbriefungen, Schuldverschreibungen, TIPS, REITS, Zerobonds, Kaffernbonds, Zarenbonds, Dachfonds, Optionen, Futures, Swaps, Hedge Fund-«Assets», Schatzbriefe, Mutual Fonds, Zertifikate, Hebelpapiere in 1000 Variationen, Turbozertifikate, Index Bonds, Unternehmensschuldpapiere, Kommunalobligationen, Wechsel, Schecks, Gilts usw. Die Deutsche Bank trumpfte gerade mit einem *S-Box E-Power Automobil Performance Index Zertifikat* auf. Das haben deren geistig etwas schlichte Führer auch wohl nötig. Wöchentlich kommen ein paar neue dieser «genialen» *Finanzprodukte* hinzu. Sie sind alle verschachtelt und vernetzt. Absurder Phantasie sind keine Grenzen gesetzt. Nächsten Monat gibt es vielleicht schon *Wippende Polster Halb-Bonus Nicht-Index Zertifikate mit Starkhebel-Open-End-Turnus-Basis* bzw. *Knock-out Mulch Kopf-Schulter-Shortzertifikate mit Langzeit-Supercharger auf Non-Kassen-Skrontro-Arbitrageschwund-Deckelungsbasis* oder auch *Semi-mündelsichere Turbotrendknick-Aggregat-Zapfen-Mini-Long-Cross-Wandler*. Vielleicht für investive Anfänger, die noch am Idiotenhügel der Finanzberge mühsam Anlageski üben: *Nur Mittwochs handelbare Ultra-Nicht-Profit inflative Futureoptionen mit Schuldzinseszins-Straddle-Bremsen*, oder noch einfacher: *Greenspan-Turbo-Newspeak-Rimessen auf Garantie-Trottelbasis mit staatlichem Zockerfaktor. Grüne Buxel-Future-Machobonds mit Turbo-Spannlynetten-Elliott-Rendite-Verzahnungen* verkaufen sich derzeit schlecht, da der Bernanke-Dollar einfach zu teuer wurde. Wir raten daher ab. Welcher Windstoss dieses gigantische, immer weiter wachsende *Kartenhaus* zum Einsturz bringen wird, spielt letztlich keine Rolle. Der sichere Sprung über die 4000-Fuss Klippe wird die **grösste finanzielle Katastrophe aller Zeiten darstellen und Gold wird mehr als heftig darauf reagieren.**

▶ Das weltweite Gesamtvolumen aller Derivate wurde bis vor kurzem auf 800 Billionen $ (also 800 000 Milliarden $) geschätzt. Neuerdings tauchen erstmalig Zahlen von einer Billiarde, also von einer Million Milliarden Dollar auf. Man braucht schon bald Taschenrechner mit speziell verlängerter Display-Anzeige! Allein für diese Summe müssten die Bürger der USA etwa 80 Jahre lang arbeiten, bei Einkommen- und Unternehmenssteuersätzen von satten 100%, wie einst die weltbekannte schwedische Schrift-stellerin *Astrid Lindgreen* einen Einkommensteuerbescheid von 104% erhielt und auch zahlen musste. Wird das lustig! Wo wird wohl der Goldpreis während dieser Phase sein?

▶ Die offiziellen, verzinslichen Schulden der USA-Föderation belaufen sich auf über 12 Billionen US $. Die realen unverzinsli-chen Verpflichtungen des Staates wie Pensionen, Beamte, Polizei, Militär, 25 Millionen Staatsdiener, Krankenkassen, Abfindungen, Wohlfahrt, Altersversorgungen für Arme, «Social Security» (die US AHV) und vieles mehr, für das kommende Jahrzehnt dagegen, errechnen sich überschlägig zu weiteren 65 Billionen US $. Hinzu kommen die Billionen, die die Kriege verschlingen. Die *Rettungs-aktionen* der Bush-Regierung und ihrer Nachfolger dürften im Bereich von 10 Billionen US $ liegen. Die berühmten 700 Mrd. $, die der Kongress bewilligte, waren eine erste kleine Anzahlung. Und für 2010 rechnen die Experten mit einem Haushaltsdefizit zwischen 1,5 und 2,0 Billionen $. Damit würde sich die Zinslast des Staates gefährlich erhöhen und die Steuereinnahmen reich-ten zur Schuldenbedienung kaum oder nicht mehr aus. Also bald sind wir bei Gesamtschulden oder -verpflichtungen von 100 Bil-lionen $ oder mehr, und nur für die USA allein, angelangt. Hier-für müssten die *Bürger und Unternehmen vielleicht ein ganzes Jahrhundert ohne Entgelt schuften.* Ist dies möglich? Niemals! Es muss und wird hier eine gewaltsame Lösung gefunden werden, wie beispielsweise der militärisch gestützte Übergang der mexi-kanischen, amerikanischen und kanadischen Währung in einen *Amero*, oder der neue Irankrieg oder eine massive Währungs-reform in der EU. Was auch immer geschieht, Gold wird seinen Eignern die Kaufkraft erhalten.

▶ Gold kann man nicht fälschen wie Wertpapiere oder Banknoten. Mit Blei oder Wolfram gefüllte Barren oder Münzen sind zumin-dest von einem professionellen Händler einfach zu identifizieren.

▶ Der Goldwert in Kaufkraft gemessen, geht nie auf Null. Alle reinen Papierwährungen verschwinden im Abfallkübel der Ge-schichte mit einer Kaufkraft von Null. Ausnahme: Banknoten mit Sammlerwert.

▶ Sobald die Preismanipulation an den Edelmetallmärkten aufhört, wird die alte *Regel* der konstanten Kaufkraft sich wieder einmal mehr bestätigen. Das heisst, eine bestimmte Anzahl Unzen kauft einen Massanzug aus der Londoner Bond Street, einen Mercedes der Mittelklasse (zum Beispiel 28 Unzen), eine Kuh, einen Bauernhof, einen Rolls Royce, ein durchschnittliches Einfamilienhaus, ein halbes Schwein, 15 000 Hühnereier, eine Schrotflinte, 1000 Fass Öl, eine Inderin (Brautpreis) oder einen Ballen Stoff. Für diese Dinge oder Notwendigkeiten des täglichen Bedarfs hat sich im Laufe langer Zeiten ein in etwa konstanter Preis in Gold herausgebildet. Wenn diese Artikel im Preis steigen oder fallen, steigt oder fällt der Goldpreis traditionell mit. Um diese alten Relationen mehrheitlich wieder zu erreichen, muss sich der Goldpreis verdrei- oder vervierfachen. Aber alles braucht seine Zeit.

▶ Die Gründungsväter der USA bestimmten, dass *Geld* nur Gold und Silber sein dürfe (genau wie der Prophet *Mohammed* in der 2. Sure des Korans – der Silber Dirham und der Gold Dinar haben sich bis heute erhalten und gewinnen, dank der Islamic Mint in Malaysia, sogar wieder an Bedeutung). Sie legten dies in der USA-Verfassung nieder und vertrauten auf *Gold* und *Gott* – heute vertrauen sie auf Papier und *Bernanke*. Diese Vorschrift wurde seit der Einführung der privaten «Fed» 1913 systematisch missachtet und seit 1971, dem Jahr der völligen Loslösung des Dollars vom Gold durch *Richard Nixon*, schlicht aufgehoben. Doch muss und wird eine Reinstallation dieses vergessenen Ideals in einigen Jahren erfolgen, dann, wenn das leere *fiat money (gemachtes Geld)*-System schlicht nicht mehr funktioniert. Jedes *Fiat-System* ruiniert sich systematisch und ausnahmslos selbst, wie die Geschichte zeigt. Die Versuchung der beliebigen Geldvermehrung zum eigenen Vorteil hat noch kein Herrscher, Politiker oder Zentralbanker widerstehen können. Für die Gesellschaft wird dies eine grosse Lehre sein, der Regierung nicht zu trauen und für Gold bedeutet dies die grosse Rückkehr.

▶ Wenn die Masse der Institutionen, Privatinvestoren, Hausfrauen, Steuerzahler, Buchhalter und Angestellten begreift um was es geht, ist es für einen *Einstieg* ins Gold zu spät. Die grossen Kaufkraftverschiebungen werden bereits stattgefunden haben. Daher muss man sich vorher positionieren während der Unzenpreis noch erschwinglich ist.

▶ Das Risiko ist hierbei gering, denn fällt der Goldpreis unter 650 $, dem derzeitigen mittleren Kostenniveau der weltweiten Produktion, würden die Minenbetreiber wegen Unwirtschaftlichkeit aufgeben müssen, sobald etwaige Finanzreserven aufgebraucht sind. Das Angebot fiele zusammen und damit stiege der Preis. Es gibt also natürliche Untergrenzen, zumindest für die längerfristige Preisentwicklung, die zunächst der freie Markt setzt. Doch wirken Produktionskosten mit einer gewissen Verzögerung mit ihrer Signalwirkung auf den freien Markt zurück.

▶ Die USA können nicht mehr jedes Land attackieren (wie den Irak), das den Dollar zurückweist und damit ihre Weltmachtstellung gefährdet.

▶ *Ersatzmetalle* gibt es nicht. Sie sind entweder zu selten, wie Platin, Osmium, Palladium, Zirkonium, Ruthenium, Iridium usw., oder zu schwer oder brauchen pro Werteinheit zu viel Platz, wie Kupfer, Zinn, Zink. Blei, Aluminium, Gusseisen. Oder aber zu gefährlich, wie Uran oder Plutonium. Auch steht die gewachsene Tradition gegen die Akzeptanz anderer Metalle als *Geld*. Das Midas-Metall hat somit immer einen Markt, eine Kaufkraft und ist immer *sexy*.

▶ Gold ist frei von der Einkommensteuer.

▶ Gold kann verloren gehen oder gestohlen werden, genau wie Papiergeld. Doch dagegen kann man sich schützen. Gegen die automatisch *schwindende Kaufkraft* von Papier aber gibt es keinen Schutz für die Eigner. Genau deswegen verteidigen die Mächtigen ihr Papiergeldmonopol mit allen Mitteln, Tricks und Machenschaften. Die Kaufkraft des Goldes erhält sich zumindest im Laufe der Zeiten oder steigert sich in aller Regel sogar. Menschen sind mit Gold immer in guten Händen, solange Sie nicht extrem kurzfristig denken und handeln.

▶ Gold kann ein Spekulationsobjekt sein – Ziel: Kaufe zu Tiefpreisen, verkaufe zu Höchstpreisen.

▶ Halte Gold als sicheres Wertaufbewahrungsinstrument, also als Kaufkraftsicherung) für Kinder, Enkel und Urenkel oder als Familienschatz.

▶ Gold bietet der Familie Schutz gegen alle Arten finanzieller Desaster, Bank holidays (Schliessung aller Banken vor Währungsreformen usw.), Verbote, Kursstürze, Moratorien, Insolvenzen von Gross-Schuldnern, Revolutionen, Umstürzen, Bürgerkriegen oder Naturkatastrophen.

▶ Gold hinterlässt im Einsatz keine *Papierspur* nach finanziellen Transaktionen, womit einer Totalüberwachung des Bürgers zumindest teilweise Einhalt geboten werden kann.

▶ Gold kann entweder für die grossen offenen und freien Märkte der Zukunft, oder für die grauen und schwarzen Märkte unter einem Zwangssystem akkumuliert werden. Es ist nicht per Überwachungs-Satellit aufspürbar und garantiert stets die Diskretion einer privaten Atmosphäre.

▶ Gold erfreut durch Schönheit und Faszination und lässt die Demonstration von Status und Reichtum durch Schmuck zu.

▶ Gold lässt den sicheren Familienschatz stetig anwachsen, wobei die Kaufkraft umso mehr steigt, je tiefer die Papierwerte sinken.

▶ Der zugrunde liegende weltweite Gold-Bedarf übersteigt das jährliche Minen-Angebot mit etwa 1100 bis 1500 Tonnen. Wiedergewinnung, Privatverkäufe und Zentralbankgold müssen die Lücke schliessen. Wie lange kann dieser noch gedeckt werden?

▶ Das Hin- und Herschieben grosser Quantitäten zwischen den Zentralbanken (jedes Mal wird ein *Goldverkauf* registriert), dient nur zur Abschreckung potentieller Investoren (« *oh Schreck, es gibt fortlaufend riesige Verkäufe…* »), ändert aber nichts am Gesamtbild. Die immer gleichen Barren wechseln nur die Keller oder Tresornummern.

▶ Das Förderangebot wird, ungeachtet der Preisentwicklung, schon mittelfristig wegen steigender Energiepreise, strengerer *grüner* Vorschriften und Ausbeutung preiswerter Lager fallen. Neben *Peak-Oil* gibt es bereits *Peak-Gold*.

▶ Betrugsskandale wie *Bre-X* mit vorgetäuschten Megafunden entmutigen die Explorer. Gut für den Unzenpreis.

▶ *Grün* ist sehr teuer. Grüne Auflagen nehmen zu, treiben die Kosten der Gewinnung in die Höhe. Gut für Goldbesitzer.

▶ Die fundamentalen und technischen Schwächen des Dollars helfen dem Goldpreis wie auch anderen Sachwerten. Daran ändert auch die künstlich erzeugte Dollarrallye von 2008 und 2010 nichts.

▶ Goldaktien haben, genau wie Gold selbst, einen engen Markt. Vor etwa 9 Jahren belief sich deren gesamte Börsenkapitalisierung auf lächerliche 21 Mrd. $. Microsoft Chef *Bill Gates* besass damals etwa 80 Mrd. an Aktienwerten. Er hätte theoretisch alle Goldaktien der Welt für ein Viertel seines Privatvermögens in einem einzigen *Cross Trade* kaufen können. Heute besitzt er vielleicht 35 Mrd. $ und die Goldaktien sind kollektiv um die 150 Mrd. $ wert. Zum Aufkauf bräuchte er jetzt etwa das Vierfache seines Vermögens. Das kommt davon, wenn man falsch investiert. Beachte: Die Zahlen ändern sich fast täglich und zeigen nur richtungsweisende Tendenzen auf.

▶ Im Bondmarkt stecken weltweit etwa 85 Billionen $, in den Aktienmärkten um die 60 Billionen $. Das Derivativ-Volumen hat sich, wie schon erwähnt, auf ungefähr 800 bis 1000 Billionen $ aufgebläht. Alles zusammen erreicht die Billiarde $ (also eine Million Milliarden $, Schuldenberge nicht einmal gerechnet). Der Gesamtwert des Goldes dagegen beläuft sich auf einige wenige Billionen $. Da stehen rund eine Billiarde *Finanz- oder Papierwerte* noch nicht einmal 5 Billionen greifbarem Realwert gegenüber (Verhältnis 1000:5). Fliesst auch nur ein einziges Prozent dieser Summen ins Gold, erleben wir Preisexplosionen, gegen die sich der Januar 1980 mit dem Preissprung auf 852 $ wie ein Kindergartenpicknick ausnähme. Haben Sie Geduld. Dieser lachhaft tiefe Prozentpunkt wird sich schon bald in den engen Goldmarkt drängen.

▶ Die gigantischen Haushalts- und Aussenhandelsdefizite der USA werden mit den Ersparnissen der Welt in Höhe von täglich 2,5 Mrd. $ finanziert. Dieser zum Überleben des Systems notwendige Bedarf könnte sich ab 2009 drastisch erhöhen, falls die Experten mit ihren Prognosen Recht behalten, und sich das Haushaltsdefizit vervierfacht. Hören die Ausländer mit diesem selbstmörderisch-masochistischem Unfug auf, bräche das Dollarsystem zusammen und Gold explodierte im Preis. Dies dürfte in wenigen Jahren soweit sein. Die Behauptung, dass *Bill Clinton* zwei Jahre lang den Haushalt *balanciert* und sogar einen *Überschuss* geschaffen habe, ist eine massive Lüge. Er hat die *Balance* geschafft, indem er heimlich die Social-Security-Kassen ausplünderte, also Billionen von einem Konto auf ein anderes schob. Das Loch «wanderte» nur, wurde sogar noch grösser. Vermutlich sang *Bill* seiner *Hillary* mit seinem typischen Grinsen das Liedchen vor: «*Dollar, Dollar, du musst wandern, von dem einen Loch zum andern*». Gold bedarf solcher Mega-Betrügereien nicht. Es ist in seinen Eigenschaften und Funktionen einfach, jederzeit durchschaubar und grundehrlich.

▶ Physisches Gold und Goldaktien stellen insofern sinnvolle Komponenten eines jeden Portfolios dar, da sie sich antizyklisch verhalten, d.h. fallen Aktien und der Dollar, steigt der Goldpreis und umgekehrt. Somit dient Gold als *Stabilisator*. Der Rückgang der Goldpreise im Herbst 2008 war teilweise auf die künstlich erzeugten Anstiege der Dollarkurse zurückzuführen. Die sich gegen den Dollar rapide verschlechternden Fundamentaldaten, werden jedoch längerfristig dafür sorgen, dass die Weltleitwährung auf ihren wahren Platz verwiesen wird: In die Toilettenschüssel der Finanzwelt.

▶ Gold ist eine der Schlüsselkomponenten der *Drei-Speichen-Regel* (DSR), der einzigen Anlageregel, die im Laufe der Jahrhunderte noch nie versagte. Ihr folgen, dem Vernehmen nach, z. B. die fünf reichsten Gruppierungen der Menschheit: Auslandschinesen, Juden, Auslandsarmenier, Mormonen und Scientologen. Ihr legendärer Reichtum basiert zum Grossteil auf dem *Befolgen* der DSR. Alles was ansonsten noch nötig wäre, ist Zeit. Und die nehmen sich diese Gruppen, die in *Generationen* denken. Das Funktionsbild der DSR: Ein imaginäres, sich teils langsam, teils ruckweise drehendes Rad hat drei Speichen: *Wertpapiere* (Papiergeld, Bonds, Zertifikate und Aktien als die wichtigsten), *Immobilien* (industrielle und Wohngrundstücke, noch auszuweisendes Bauland, Einfamilien- und Mietshäuser, sowie Fabrik-, Lager- und landwirtschaftliche Grundstücke nebst Wald) sowie *Edelmetalle* (Gold und Silber). In jede der drei Speichen hat der langfristig Orientierte etwa ein Drittel seines Vermögens investiert. Eine der Speichen ist phasenweise oben (auf 12 Uhr), eine etwa in der Mitte (auf 4 Uhr), eine im Wesentlichen unten (auf 8 Uhr). Im Laufe der Jahre vertauschen die Speichen zyklisch ihre Plätze. Jede hat ihre Zeit. Gold brauchte rund 50 Jahre, bis es sein Phasen-Hoch von rund 25 auf rund 850 $ pro Unze erreichte. Die Immobilien strebten z. B. in Deutschland wegen des Krieges auf ihre grosse Zeit zwischen 1945 und 1990 zu. Am Anfang kostete ein m^2 im zerstörten München z. B. 20 Pfennige, dann in der Spitze einige tausend Euro. Gold drehte ab 1980 nach unten, wird aber die Position der höchsten Speiche wiederum passieren. Papier, welches in Aktienform zwischen 1982 und 2000 die Führungsposition mit absurden Steigerungen erreichte, dreht seither nach unten und auch Immobilien haben ihre besten Jahre hinter sich und dümpeln derzeit irgendwo im Mittelfeld herum mit starken zukünftigen Rückgängen. Es sieht so aus, als ob nun die grosse Zeit der Edelmetalle mit Macht anläuft, während Papier auf die unterste Position dreht, und auch Immobilien ins untere Mittelfeld absacken. Wenn die unterste Speiche nun nach oben schnappt (im Falle von immer wiederkehrenden Krisen und Kriegen) ist das die Edelmetallspeiche. Sind diese Hoch-Zeiten für Gold und Silber vorbei, kommen Papier und Immobilien wieder an die Reihe usw. Der Investor verliert zwar rund ein *Vermögensdrittel* durch den Fall der einst oberen Speiche, aber sein Drittel der einst unteren Speiche vermehrt sich typischerweise um das 25- bis 35-fache. Ein Verlustdrittel steht dann gegen das etwa ums 30-fache gestiegen Gewinndrittel. Und dieser Mechanismus wiederholt sich – nur Zeit und Geduld sind erforderlich. Natürlich gibt es bei Papieren und Immobilien Abweichler und Ausnahmen, die etwas besser abschneiden, doch ändert dies nichts an der generellen Gültigkeit der Regel. In Krisenzeiten, auf die wir jetzt im Eiltempo zulaufen, brauchen Sie dennoch eine *Nutzimmobilie* (optimal wäre eine Kleinfarm oder ein Bauernhof), denn Sie müssen irgendwo wohnen, gleich ob das Objekt 1000 € oder 20 Millionen € am Markt kostet. Und sie brauchen *Liquidität* für die täglichen Lebenskosten, können also auf Papiergeld nicht ganz verzichten, jedenfalls nicht, bis *Gold* seinen Kulminationspunkt erreicht. Doch ändert dies nichts an der nächsten scharfen Speichenbewegung: Papier runter, Gold dramatisch rauf, Immobilien mehrheitlich nach unten.

▶ *Militärische und politische Spannungen* wachsen rund um den Globus, insbesondere in Mittelost. In und um die Länder Nordkorea, Irak, Iran, Syrien, Libanon, sowie in den Regionen des Kaukasus, des Balkans und anderswo. Auch in manchen arabischen Staaten kriselt es, teilweise gewaltig. Die Chinesen weigern sich beharrlich, *ihre Yuans vom Dollar abzukoppeln,* was grosse Spannungen, Defizite und Überschüsse erzeugt. Ölpreise erreichen Rekordhöhen und belasten die Volkswirtschaften schwer. Nahezu unbemerkt: China, Russland, die Araber und vor allem die USA rüsten in einer Weise auf, gegen die sich die Kalte Kriegsphase bescheiden ausnimmt. Im Herbst 2008 überschritten die jährlichen Rüstungs- und Militärausgaben weltweit die Marke von 1100 Milliarden $. Irgendwann wird die 2-Billionengrenze erreicht. Die USA und ihre Vasallen kreisen Russland systematisch ein. In der Strasse von Malakka, durch die rund 90 % des chinesischen Importöls fliesst, kreuzen seit Jahren über 20 US-Kriegsschiffe, jederzeit bereit, China den Energienerv abzuschneiden. Irgendeines der zahlreichen Pulverfässer und Spannungsgebiete wird irgendwann wohl den Zündfunken für einen globalen Konflikt liefern. Ein entsprechender Vorwand ist, ähnlich wie der 11. September 2001, leicht zu konstruieren und wird dem ahnungslosen Gegner in die Schuhe geschoben. Der *Kampf um Rohstoffe und Öl* hat längst begonnen, der um Wasser wird unausweichlich folgen. Anders ausgedrückt: Beide, Papiergeld und Gold reflektieren Krisen. Auf welche Weise wohl?

▶ Kriege sind teuer und lassen die Bevölkerung verarmen. Die USA hat sich zu einem kostspieligem *Kriegsstaat* gewandelt: Die Korea- und Vietnamkriege, der Krieg gegen die Armut, der kalte Krieg, Afghanistan, Irak, und vor allem der bewusst selbstgeschaffene *Krieg gegen der Terror* (als Grund, die bürgerlichen Rechte und Freiheiten dauerhaft und systematisch zu beschränken) sind – abgesehen von ihrer moralisch-ethischen Verwerflichkeit – teuer. Eine geschundene, mit Spielgeld überflutete und verarmende Bevölkerung in einem zusammenbrechenden Imperium aber wird sich automatisch mit Gold und Silber als Retter der letzten Instanz immer stärker anfreunden.

▶ Gegenwärtig durchlaufen wir das achte Jahr des langwelligen und wichtigen Kontradieff-Zyklus. *Nikolai Kontradieff* wurde von *Stalin* beauftragt wissenschaftlich nachzuweisen, dass der Kapitalismus fallen und der Kommunismus siegen wird. Stattdessen fand er die Gesetzmässigkeiten des nach ihm benannten etwa 60-70 Jahre laufenden Zyklus, der die Realität mit seinen Frühling-, Sommer-, Herbst- und Winterphasen für die letzten Jahrhunderte erstaunlich genau widerspiegelt. Winter ist die Zeit des Abstiegs, der Kontraktion und der Krise, die den Neubeginn vorbereitet und auch für eine neue, den nächsten Zyklus tragende Basistechnologie sorgt. Fast alle von uns gegenwärtig erfahrenen Probleme sind typisch für die Winterphase, also *natürlich* und *normal*. Doch Gold hat dann natürlicherweise auch seinen grossen Auftritt. Der längste Winter der letzten 6 Zyklen dauerte 21 und der kürzeste 11 Jahre. Wir könnten bis zum Frühlingsbeginn noch 4 bis 7 Jahre vor uns haben.

▶ Wollen Dollar und Euro überleben, kommen sie ohne Golddeckung nicht zurecht, denn die Bevölkerung wird in einer sich wirtschaftlich und geldpolitisch verändernden Welt immer wertloseren Papiers gebieterisch nach *etwas Solidem* verlangen. Auch eine geplante Einführung des *Euro-Dollars* oder des *Ameros* werden ohne wenigstens *Teil-Golddeckung* kaum funktionieren bzw. keine Akzeptanz finden. Nur Gold und natürlich Silber sind eben echtes Geld.

▶ Mit Gold lässt sich ein Familienschatz über Generationen hinweg aufbauen. Der Urgrossvater weiss, wie viel sein Urenkel an Kaufkraft in etwa dafür erhalten wird. Wer für seine Urenkel beispielsweise Assignaten, Reichsmark, Rentenmark, D-Mark, Mark (der DDR), ehemalige Währungen aus dem Ostblock, irgendwelche Kronen, Gulden, Markka, Lire, Zimbabwe Dollar oder Geld in Form hunderter *vergangener* Papierwährungen als *Schatz für künftige Zeiten* hortete, musste erleben, wie diese entwertet oder schlicht ungültig wurden. Sie verschwanden einfach für immer. Bestenfalls erfolgte ein Umtausch in eine Ersatzwährung (meist mit weniger Nullen), damit sich dieses frivole und schmutzige Spiel bis zur nächsten *Währungsreform* (sprich Staatsbankrott mit systematischer, legaler Zwangsenteignung des Bürgers) wiederholen konnte. Dieses Schicksal des Verfalls und Niedergangs erleiden selbst vermeintlich solide Aktien hochberühmter Weltunternehmen. Wie viele Valoren der 1929 im Dow Jones gelisteten Welt-Spitzenfirmen haben bis heute überlebt? **Eine**! Nämlich General Electric, die inzwischen auch in eine lebensbedrohliche Schieflage abglitt. Papier jeder Art ist also hoch unbeständig. Gold hingegen ist in jeder Form hochsolide.

▶ «*Gold steigt im Wert*» ist eigentlich eine unrichtige Feststellung. Es müsste korrekterweise heissen: *Die zugrunde liegende Papierwährung fällt im Wert*. Gold erhält nur die Kaufkraft oder steigert diese sogar. Die der Unze Gold zugerechneten Zahlen von Währungseinheiten sind irrelevant. Entscheidend bleibt immer die Frage: *Wieviel erhalte ich für diese Unze an realen Gütern?* In Zimbabwe, dem ehemaligen Rhodesien, entsprachen im Sommer 2008 viele 1000 Billionen oder 5 LKW-Ladungen von *Zimbabwe-Dollars* der Kaufkraft einer Unze.

▶ Von August bis Oktober 2008 stürzte der dollar-denominierte Gold- und Silberwert aufgrund von Massnahmen der mächtigen Finanzmanipulatoren rapide ab. Ein für den kundigen Beobachter durchsichtiges Manöver: Die Masse der kleinen Anleger sollte hoch frustriert aus dieser Anlage gejagt werden. An den künftigen unglaublichen Steigerungen soll der kleine Mann auf keinen Fall partizipieren. Ein Grund mehr auf dem Tiefpunkt einzusteigen und noch – oder wieder – Gold und Silber zu besitzen. Übrigens:

So dürfte die Rechnung der Hochfinanz gefährliche Nebeneffekte zeitigen. Statt in Panik zu verkaufen, liefen die Kleininvestoren scharenweise zu Händlern, um sich einzudecken. Die Kalkulation der Mächtigen war nicht aufgegangen, sie blieben auf riesigen Short-Positionen sitzen, die ihrer Glattstellung harren. Die weltweite Knappheit im Bereich physischer Edelmetalle und die heute aktuell zu zahlenden Aufschläge beim Erwerb erreichten nie dagewesene Höhen und sprechen eine deutliche Sprache. Das Ganze erinnert an den Untergang des Londoner Gold Pools, der die USA Ende der 1960er Jahre rund 10 000 Tonnen Gold kostete, als sie den offiziellen Unzenpreis bei 35 $ auswies, während am Markt bereits 100 und später 200 $ bezahlt werden mussten. Es scheint, dass auch die heute wieder absurd gedrückten amtlichen Edelmetallpreise ebenso irrelevant wie damals sind.

▶ Jeder *Einbruch des Goldpreises* ist eine Art Geschenk. Er bietet die Gelegenheit zum einst verpassten Einstieg oder zum Nachkaufen. Sogar die Chinesen, für die Goldbesitz früher illegal war, können sich heute an der National Gold Exchange in Shanghai, und die Araber an der Arabic Gold Exchange in Dubai ganz offen eindecken, was sie auch fleissig tun.

▶ Wohl ist es wahr, dass nur etwa 8 % der Goldproduktion industriell *verbraucht* wird, doch steigt die Anzahl der Anwendungen unaufhörlich. Milliarden mit feinsten Schichten überzogener Kontaktelemente aller möglichen Arten, Satellitenbauteile, Reflektoren, strahlungs- und wärmedämmende Verglasungen. Gewinnung von Lichtenergie, Kontakte für Air Bags, die nie korrodieren und daher garantiert funktionieren. Fortgeschrittene Lasertechnologien, medizinische Geräte für Diagnose und Behandlung, Wind- und Sonnenkraft, Computertechnologien und vieles andere benötigen Gold, wenngleich in kleinen Mengen pro Einheit. Doch Massenproduktion multipliziert diese Kleinmengen rasch zu ansehnlichen Grössenordnungen. Was bedeutet dies alles? Ganz einfach: Das Metall ist das tragende Element einer *Sunrise-Industry*, hat also Zukunft, während wir von einer Vielzahl von *Sunset-Industries* umgeben sind.

▶ Mit Gold sind Sie bestens auf Situationen wie jetzt in Zimbabwe oder früher in Deutschland vorbereitet: Der durchschnittliche Einkauf einer Hausfrau im November 1923 kam in Berlin, Köln oder Frankfurt auf einige hundert Milliarden Reichsmark zu stehen. Preissteigerungen erfolgten **stündlich**! Aber nur Bruchteile eines Gramms Gold reichten für den Monatsbedarf einer mehrköpfigen Familie. Weniger spektakulär und fast unsichtbar: Während der Lebensspanne 1948 bis 2001 der *superharten* D-Mark, verlor diese 75% ihrer Kaufkraft. Gold gewann in dieser Zeit 320% an Wert. Die gewaltsam und künstlich aufgepfropfte Kunstwährung *Euro* (75% aller Deutschen waren Umfragen zufolge strikt dagegen, 20% unentschieden und nur 5% dafür) verlor in nur 8 Jahren 56% ihrer Kaufkraft. Es war also ein *hervorragender Zwangstausch* für die Deutschen. Danke, verehrtes Brüssel mit Deiner glorreichen und steuerfrei entlohnten Monsterbürokratie! Wer Gold hatte, stand und steht sich mit einer zumindest dreifachen Steigerung des Nominalwertes wieder einmal besser. Die wirklich grosse Steigerung dürfte indes noch ausstehen.

▶ Selbst *James Bond* in *Liebesgrüsse aus Moskau* konnte sein Leben nur durch das Angebot von 50 Goldmünzen retten. Sogar Hollywood mit seinen grossteils verblödenden Filmen erahnt und reflektiert den Wert des Goldes.

▶ Sogar in bisher einigermassen soliden Währungen ist Gold im Preis gestiegen. Vor etwa 8 Jahren bezahlte der Verfasser 75 Franken für ein *20-Franken Vreneli* (die bekannteste, halbantike Goldmünze der Schweiz, 5,8 g netto Goldgehalt bei 6,45 g Masse). Vor kurzem hatte sie im Preis die 200 Franken-Marke überschritten. Der Dollar dagegen, der einst über 4 Franken kostete, ist jetzt für etwas mehr als einen Franken zu haben.

▶ Alle europäischen Währungen, die in den Euro gezwungen wurden haben zwischen 55 und 90% ihrer ursprünglichen *Kaufkraft* verloren. Die Zukunft bringt eher Schlimmeres als Besseres. Die extremen Kursstürze der Währungen von Island, Ungarn, der Ukraine und anderer Länder des ehemaligen Ostblocks im Oktober 2008 dürften die dortigen Goldbesitzer mit glänzenden Augen zurückgelassen haben. Die Goldnachfrage in der Ukraine allein und die entsprechenden Importe hatten sich innert Monatsfrist verzwölffacht. Was am Ende bleiben wird ist allein Gold mit seiner Kaufkrafterhaltungsfunktion. Die Osteuropäer haben anscheinend von den noch weiter östlich gemachten Erfahrungen einiges gelernt:

Die von der *Asienkrise* der 90er Jahre betroffenen Währungen büssten zwischen 40 und 80 % ihrer Kaufkraft ein. Goldhalter entgingen nicht nur dieser Katastrophe, sondern erzielten sogar Kaufkraftzuwächse gegenüber dem Niveau zu Beginn der Krise.

▶ Weltweit zirkulieren ausserhalb der USA etwa *drei Viertel aller Dollars*, und die Asiaten, Araber und Europäer haben zusammen rund 7 Billionen in Dollars oder dollar-denominierten Papieren aufgebaut (die Masse wird durch die Zentralbanken gehalten). Wenn auch nur irgendeine der zahlreichen Dollar haltenden Parteien nur teilweise aussteigt, stürzt der Greenback ins Bodenlose und dies löst einen *run* aus, denn keiner will alles verlieren. Die angebotenen Mengen können dann von keinem Markt der Welt oder von keiner Institution mehr in ordnungsgemässer Weise absorbiert werden. Gold würde sich dann – und nicht nur in Dollar-Preisen – zu ungeahnten Höhen aufschwingen.

▶ In *Terms of Trade* und auf Basis des wahren Zustands der US-Ökonomie, des Finanzsektors nebst Militärapparat, Kriegskosten, des krebskranken Bankensektors und Schuldendienstes usw. ist der Dollar noch immer krass überbewertet, seine Kurssteigerungen im Herbst 2008 absurd und künstlich. Die notwendige und kommende Korrektur kann nicht für immer durch Tricks und Manipulationen verhindert oder hinausgeschoben werden. Gold wird dieses künftige Ereignis in spektakulärer Weise reflektieren.

▶ Im August 2008 platzte die *Financial Times* mit der Nachricht heraus, dass China nach Ansicht amerikanischer Experten und einer Studie der Bostoner Consulting-Firma Global Insight bereits 2009 zum weltweit grössten Produzenten von Industriegütern aufsteigt. Damit wird die US-Dominanz nach rund 100 Jahren erstmals gebrochen. Ursprünglich war der Machtwechsel erst für 2014 oder anderen Berechnungen zufolge für 2021 erwartet worden. 1990 lag Chinas Anteil noch bei mageren 3 %. 2009 wird er auf 17% steigen und auf die USA werden noch 16% entfallen. Doch mit dem Verfall wirtschaftlicher Macht geht der Verfall der politischen Macht Hand in Hand. Dies ist für den Bernanke-Dollar (der nach den Worten dieses Spitzenclowns demnächst per Helikopter über belebten Plätzen ähnlich wie Wasser aus Löschflugzeugen abgeworfen werden soll, um die von ihm gefürchtete Deflation zu verhindern) aber gar nicht gut. Es eröffnet Gold jedoch durch Dollarverfall und Kaufkraftsteigerung den kleinen Gelben in Fernost ausgezeichnete Perspektiven. Goldmünzen per Hubschrauber abzuwerfen wurde bislang vom grossen Weisen in Washington noch gar nicht in Erwägung gezogen. Ob wir darauf hoffen dürfen?

▶ Der Tag wird kommen, an dem sich der *Yuan vom Dollar abkoppelt.* Dies, und Gehaltssteigerungen in China, werden den Status des Billiglandes schrittweise aufheben. Damit verteuern sich die USA-Importe drastisch. Das *Wal-Mart-Syndrom* schwindet: 80% der Waren der grössten Kaufhauskette der Welt stammt aus dem «billigen» China, die Firma ist nichts anderes als ein chinesischer *Factory Outlet.* Die Inflation wird steigen. Papier versucht dann ins Gold zu flüchten.

▶ Im Zuge der abflauenden Rohstoffwerte stellt sich die Frage: Werden Öl, Nahrung, Gold und Silber bald spottbillig? Und Wasser wird nichts mehr kosten? Wohl kaum. Es gibt keine neue Nordsee mit frischen Ölquellen, keine neuen südafrikanischen Goldfelder, und keine neuen Anbauflächen von Bedeutung, und auch Trink- wie Brauchwasser werden immer knapper. Die Weltbevölkerung und die kaufkräftige asiatische Mittelklasse wachsen. Die Atomkraft wurde in vielen Ländern gestoppt, die OPEC kann die Produktion nicht mehr steigern (im Gegenteil) und es existieren keine Ersatzstoffe für Öl, Nahrungsmittel, Gold, Silber oder Wasser. Auch können die rund 950 Mrd. $, die weltweit an Agrarsubventionen entgegen allen Regeln des freien Marktes sinnlos verpulvert werden, eines Tages nicht mehr aufgebracht werden. Derzeit werden Farmer dafür bezahlt, dass sie nach Kräften *nichts* produzieren, ein absoluter Irrsinn, der ein Ende finden wird. Doch Öl-, Nahrungs-, Wasser- und Goldpreise hängen zusammen.

▶ Solange die heutigen Zinsen nicht auf ein real angemessenes Niveau von etwa 15-20% oder mehr steigen wie im Jahre 1980 und somit die negative, goldpreisstützende Realverzinsung aufheben, und solange die Banken und Unternehmen nicht reihenweise kollabieren, China und Indien eingeschlossen, werden Rohstoffbedarf und dementsprechende Preise (einschliesslich der Edelmetalle) auf Dauer nicht wesentlich sinken.

▶ Nahezu alle Länder sind gezwungen ihre Währungen abzuwerten, um ihre lebenswichtigen Exportindustrien zu erhalten. Wertet ein Land ab, müssen die anderen nachziehen, um nicht ins Hintertreffen zu geraten. Ein Abwertungskreislauf beginnt. *Neue Abwertungen nähren den Goldpreis.*

▶ Hohe Goldpreise mögen die Nachfrage vorübergehend dämpfen, aber das in der menschlichen Psyche tief verwurzelte Bestreben Gold zu besitzen wird – und ganz besonders in Asien – niemals auszurotten sein.

▶ Washingtons seit Jahrzehnten sinnlos und papageienhaft wiederholte Versprechen, das monströse *Doppeldefizit* (Haushalt und Aussenhandel) zu beseitigen, sind und bleiben – eben Versprechen. *Nixon* versprach, *Reagan* versprach, *Bush sen.* Versprach, *Clinton* versprach, *Bush jun.* versprach (dieser hochintelligente Wunderknabe und Politclown baute in seiner Amtszeit mehr Schulden auf, als alle seine 43 Vorgänger seit 1776 zusammengenommen), und auch *Obama* wird weiter versprechen. Diese gigantischen, das Finanzsystem ruinierenden Ungleichgewichte wirklich anzugehen, wäre politischer Selbstmord, denn die der Bevölkerung abverlangten Opfer würden unzumutbare Ausmasse erreichen. Island, Ungarn, Ukraine, Pakistan, Rumänien, Griechenland und andere Staatsbankrotteure waren nur der Anfang einer langen Kette.

Die von der Bevölkerung zu erbringenden Opfer liessen sich nur im selbstinszenierten Kriegsfalle rechtfertigen. Dieser Fall dürfte im Übrigen nicht mehr lange auf sich warten lassen.

▶ Die Goldproduktion ist weltweit leicht *rück-läufig*, die Geldproduktion ist weltweit schwer *vor-läufig* (neuer Begriff). Seit

2 Jahren veröffentlicht die Fed die Zahlen ihrer Gelddrucker nicht mehr, um das Ausmass des Betruges zu verschleiern. Die Schätzungen für die am weitesten gefasste Geldmenge schwanken zwischen 15 und 19% an jährlichem Zuwachs. Ab Herbst 2008 arbeiten Heli-Bens Druckmaschinen etwa viermal so *produktiv*. Mit einer gewissen Verzögerung wird die Hyperinflation irgendwann einsetzen. Die Wirtschaft wächst, wenn überhaupt, zurzeit um vielleicht 1%, währenddessen die getürkten amtlichen Statistiken viel höhere Wachstumsraten vortäuschen. Für 2009 und 2010 werden Rezession und negative Wachstumsraten erwartet. Andere Länder blähen ihre Geldmengen noch stärker auf: Die EU hält sich mit etwa 14% vergleichsweise noch zurück. Doch ob eine Milliarde% wie in Zimbabwe oder etwas weniger anderswo: Die daraus resultierenden *inflationären Wirkungen* sind jedenfalls verheerend.

▶ Potentiell gute Anlageklassen bieten sich dem Investor an, darunter Öl, Gas, Uran, Wind- und Sonne, Wasserstoff-, Bio- oder Nanotechnologie. Doch all die hier relevanten Industrien benötigen riesige Summen an Kapital, viel Forschungs- und Entwicklungsarbeiten und noch Jahrzehnte an Zeit bis zur Reife. Die derzeitige Kreditklemme ist ein Feind dieser, wie auch anderer Branchen der Wirtschaft, die dringend Kapital benötigen. Gold braucht keine riesigen Summen, Forschung, Entwicklung oder Jahrzehnte von Entwicklungszeit. *Reif* ist es seit vielen Jahrhunderten. Alle kleinen und grossen Funktionsfehler und Kinderkrankheiten sind längst entfernt, falls es jemals im Altertum an solchen litt.

▶ Die grosse Mehrheit potentieller Goldkäufer wird immer wieder zögern, den Goldmarkt zu betreten und viele kleine Goldbesitzer werden frustriert verkaufen, wenn die Preise, wie nach der Mega-Manipulation im Sommer und Herbst 2008, abstürzen. Sie handeln immer nach dem vielversprechenden Pseudo-Motto: *Spare in der Not, dann hast du in der Zeit*! Genau das ist von den Mächtigen beabsichtigt. Die Masse der Kleinen darf vom kommenden Superboom nicht profitieren, nur die wenigen lachenden Grossen. Verlieren Sie nicht die Nerven im Medien-Getrommel. Gleich wie tief der Preis fällt und wie heftig manipuliert wird, die Anzahl der Unzen, die Sie physisch besitzen, bleibt genau die gleiche solange

Sie nicht völlig entmutigt verkaufen. Erst spät in der Phase wild steigender Preise wird sich die Masse engagieren, um dann im unvermeidlichen Preissturz, der absurden Übertreibungen immer folgt, den Grossteil zu verlieren. Sie haben dann ausreichend Zeit in der Not.

▶ Der seit Bretton Woods zur Weltwährung erklärte Dollar lebt unter einem Regime *negativer Zinserträge*. Sie erhalten beispielsweise 3% Zins. Minus Steuern verbleiben 2%. Die wahre Inflationsrate aber liegt vielleicht bei 10% (siehe *shadowstats.com*). Sie verlieren also real 8% an Kaufkraft. Jedes Jahr! Sie merken es zunächst nicht. Doch nach wenigen Jahren wundern Sie sich, dass Sie für ihren ach so beachtlichen Kontostand, einst im Gegenwert eines Mittelklassewagens, gerade noch 1 Laib Brot (allerdings einen ganzen) und 100 Gramm auf Lebensmittelkarten zugeteilte Margarine erhalten. Unter einer Goldwährung wäre diese *schleichende Zwangsenteignung* völlig unmöglich. Schaffen Sie sich ihre eigene Goldwährung! Sie unterliegt der stillen Enteignung nicht.

▶ Die Fed vergibt Kredite unter der wahren, ja sogar unter der verlogenen *offiziellen* Inflationsrate, verschenkt also Geld mit buchungstechnischem Eigenverlust. Die Zinsraten tendieren weiter in Richtung Null. Aber in der Geschichte gab es immer eine starke Korrelation zwischen negativen Zinsraten und dem Goldpreis – stets zugunsten des Goldes.

▶ Tiefe Zinssätze und im längerfristigen Trend steigende Goldpreise verleiten die Goldproduzenten zum *De-hedging*, also die Befreiung ihrer Hedging-Bücher von Verkaufsverträgen über noch in der Erde schlummerndes Gold. Dies nimmt Gold aus dem Markt und stützt den Preis.

▶ Zwei dieser *Hedger*, *Ashanti* und *Sons of Gwalia*, gingen dadurch sogar bankrott. Steigende Kosten und vertraglich viel zu niedrig fixierte Preise führten zur Aufgabe. Die Konkurrenz übernahm lachend zu Kellerpreisen. Dies machte andere, preisdrückende Hedger vorsichtiger.

▶ In den USA ist die Tugend des Sparens – und damit der Kapitalbildung – seit vielen Jahren abhanden gekommen. Man lebt auf *Pump und kauft Dinge, die man nicht braucht von Geld, das man nicht hat.* Nur die dummen Asiaten und Europäer sparen und schicken ihre Ersparnisse ins Land der finanziellen Wunder mit ihren smarten Amerikanern, allwo der *Grosse Zauberer der Verluste* (the Great Wizard of Loss) – derzeit Heli-Ben – im Schloss der *Magischen Fed* und umgeben von Heerscharen knicksender Medien-Zofen und unterbelichteter Pagen aus dem Analysten-Adel glanzvoll Hof hält. Dort werden noch immer 80 % der Weltersparnisse absorbiert. Etwa 2,5 Mrd. $ jeden Tag. Im Gegenzug werden immer wertlosere Dollars in rasant steigenden Mengen geliefert, welche in den Fed-Kellern nahezu kostenlos *erschaffen* wurden. Entschlössen sich die Dummen ihre Spargelder eines Tages woanders zu parken, löst dies ein Erdbeben der Stufe 9 auf der finanziellen Richterskala und für Gold einen astronomischen Preissprung aus.

▶ Würden die Zinsen in historisch normale Bereiche in Zeiten hoher Inflationsraten erhöht, also auf 10-20 %, würden die gesamten Steuereinnahmen nicht mehr ausreichen, um allein die staatlichen Schulden zu bedienen. Die US-Besatzungstruppen müssten sich in den 120 Ländern mit militärischen Stützpunkten oder laufenden Kriegen etwas Brot und Wasser von der Bevölkerung erbitten. Wird auch Zeit. Diese Zeitbombe wird in wenigen Jahren explodieren und der Goldpreis wird ein Echo wie die Finanztrompeten von Jericho zurücksenden. Werden die Zinsen gesenkt, steigt die Inflation, Niemand aber reagiert jedoch auf Geldentwertung so ungehalten wie Gold! Heli-Ben und Genossen sitzen böse in der Zwickmühle.

▶ Gleich, welche Finanztricks noch aus der Kiste gezaubert werden, der Schuldenberg wächst weiter und weiter – natürlich exponentiell – Schuld daran ist der Zinseszins-Mechanismus: Die Zinsen wachsen viel schneller als die Realwirtschaft – und damit die Zinslast. Der Tag kommt, an dem Staat und Bürger unter dieser Last schlicht zusammenbrechen. Dann geht die gelbe Sonne für das gelbe Metall über dem Finanzhorizont auf, und zwar recht überhastet. Dann teilen sich die Schuldennebel und der Blick wird wieder klarer.

▶ Jede real erzeugte Einheit des BIP (Brutto Inlands Produkt) in den USA oder der EU erfordert längs der Wertschöpfungskette, je nach Land, zwischen 5 und 7 Dollar oder Euro an **neuen** Krediten – sonst bräche die Wirtschaft sofort zusammen. Dieser unglaubliche und kaum beachtete Vorgang der automatischen Höherverschuldung allein dürfte ausreichen, den in den Himmel geschossenen Welt-Finanzbaum zu fällen und das Gold an seinen Wurzeln blosszulegen.

▶ Die Bar-Liquidität amerikanischer, britischer und japanischer Banken liegt im Bereich von 1-2%, alles andere ist ausgeliehen und *arbeitet* so gut, dass die Abschreibungsverluste der Bankenbranche bis zum Sommer 2008 aufgrund der *Subprime-Krise* schon rund 900 Mrd. $ erreichten. Wenn also im Falle eines Bank-Ansturmes mehr als 2 von 100 Kunden an den Schaltern aller Institute die vier für das fraktale Bankensystem tödlichen Worte aussprechen: «*Ich will mein Geld*», wären dieses nicht auszahlbar. So geschehen in England im Sommer 2008 mit Northern Rock. Nur etwa 5 von je 100 japanischer Hausfrauen, die im Land der aufgehenden Sonne an einem Montag Morgen simultan an die Schalter trippeln und diese vier verhängnisvollen Worte aussprechen, genügen, um das japanische und danach das Weltfinanzsystem zu kippen. Selbst Kolonnen herangekarrter Lastwagen frisch gedruckter Scheine könnten die Katastrophe nicht mehr aufhalten. Alle Werktätigen würden sofort alles stehen und liegen lassen, zu ihrer Bank rennen und sich der vor heruntergelassenen Gittern tobenden Masse, die ihre Ersparnisse einfordern, anschliessen. Die japanischen Hausfrauen halten also das Schicksal der Welt in ihren zierlichen und sorgfältig manikürten Händen. Die verheerenden Wirkungen eines Ansturmes dürften per Vertrauensverlust zwei Generationen lang anhalten. Daher: Das gesamte System basiert auf Vertrauen ins Papiergeld. Fällt dieses aus irgendeinem Grund, kommt der Einsturz. Ob dann das Vertrauen der Massen in Gold permanent zurückkehrt? Das Ganze geschah in den 20er Jahren in Deutschland und in den 80ern in Mexiko. Geschieht dies morgen in Burundi, Afghanistan, Mali oder auf der Weihnachtsinsel, achtet kein Mensch darauf. Gegenwärtig ist in Ungarn, Pakistan und der Ukraine ein «Run» aufs Gold im Gange. Trifft ein solcher «Run» jedoch auf den Yen, den Dollar oder den Euro, weltweite Panik wäre die Folge. Wie dann wohl Gold darauf reagieren würde?

▶ Die *Schulden der Entwicklungsländer*, also der dritten und vierte Welt, stiegen seit 1980 von 490 Mrd. $ auf kollektiv über 3 Billionen $, haben sich also rund versechsfacht. Damit ist die von der Hochfinanz beabsichtigte *totale Abhängigkeit vom Grosskapital* erreicht. Die Gläubiger machen die Regeln, niemals die Schuldner. Diese kriechen stets brav zu Kreuze. Das merkt selbst der einfache Bankkunde in Europa: Er kommt sich nicht wie ein geschätzter Kunde, sondern immer mehr wie ein Bittsteller vor. Die realistische Chance der Rückzahlung durch die armen aber meist rohstoffreichen Länder ist jedenfalls Null. Jede andere Hoffnung kann man getrost zu Grabe tragen. Über 3 Billionen $ werden ausfallen. Doch wer kommt dafür auf? Selbst der blosse Zinsendienst ist in Gefahr. Die einzige Möglichkeit, wenigstens etwas zurückzuzahlen sind die Exporte. Da aber die Landeswährungen ständig abgewertet werden, um im Export konkurrenzfähig zu bleiben, steigen die Schulden in heimischer Währung entsprechend immer weiter. Dieses hat vermehrtes Gelddrucken und Inflation im Gefolge: Ein übles Spiel, welches den dienstältesten Spieler am Anlagemarkt, Gold nämlich, sofort in helle Spielfreude versetzt!

▶ Gold ist ein extrem weiches Metall aber eine extrem harte Währung. Wenn selbst die Zentralbanker das Metall als *Reservewährung* stapeln, sollten dies Privatinvestoren unbedingt nachahmen. Diese *Mutter aller Währungen* gilt in allen 194 Ländern.

▶ *Gold ist zinslos* – dieses idiotische Argument wiederholen die Medien wie ein Mantra. Abgesehen von der Steuerfreiheit, denn Nicht-Zinsen fielen ja bislang unter den Steuersatz Null, zog zwischen 1870 und 2010 das zinslose Gold immerhin von zwanzig $ auf in der Spitze über 1200 $ pro Unze, also um das *60-fache* im Preis an. Da die richtig grosse Entwertung der Papierwerte noch bevor steht, dürfte es den Goldbesitzern schwer fallen sich des wirklich grossen Kaufkraftsprunges zu erwehren.

▶ Die schwächsten Glieder in der Finanzkette stellen die 800 bis 1000 Billionen $ an Derivaten dar (etwa 20 Jahre des Bruttosozialproduktes der Welt) sowie die netten Hedgefonds und ihre freundlichen Führer. Deren Zahl ist inzwischen auf rund 10 000 gewachsen: Ein einziger von ihnen, *Longterm Capital Management*, nur mittelgross, brachte 1998 das Weltfinanzsystem beinahe zum Einsturz. Die zwei Nobelpreisträger an der Führungsspitze hätten einen weiteren Nobelpreis für den gehebelten 100 Mrd. $ Verlust verdient. Heute muss man schon einen Nobelpreis halten, um derlei Summen zu vernichten. Schulkinder schaffen so etwas nicht, sie legen sich ein Postsparbuch an, Und das ganz ohne Nobelpreis. Nur hektische Rettungsmassnahmen durch *Clinton* und die Grossbanker im zweistelligen Milliardenbereich verhinderte die Katastrophe in letzter Sekunde. Sogar der kleine Trader *Nick Leeson* vernichtete mit einer Unterschrift auf einem Hedge-Vertrag im fernen Hongkong die grosse, über 200 Jahre alte *Baringsbank* im nahen London. Im Oktober 2006 folgte der Hedgefond *Amaranth Advisors* mit einem Mini-Verlust von 9 Mrd. $. Seither folgten zahlreiche andere, sozusagen *kleckerweise*. Entsprechende Meldungen laufen, von den Medien heruntergespielt, wöchentlich ein. Wenn von den 10 000 aber nur ein einziges Prozent simultan kollabierte, entstünden Rettungssummen im vierstelligen Milliardenbereich. Derlei Beträge sind durch nichts und niemanden mehr aufzubringen. Es ist irrelevant, ob dann 2, 4 oder 10 Billionen erforderlich wären. Man stiesse jedenfalls in astronomische Grössenordnungen vor – der Goldpreis allerdings auch! Ein wenig vom 18-Meter Goldwürfel in Ihrem Besitz würde Sie retten. Selbst kleine Mengen machten Sie zum Einäugigen unter den Blinden.

▶ Es besteht keine *Notwendigkeit*, Ihr Gesamtvermögen in Gold zu überführen. Abgesehen davon, dass Silber die noch besseren Gewinnchancen hat, genügen 5-15% für Skeptiker und 20-40% für Angsthasen. Wenn der Unzenpreis um das 20-fache steigt und die übrigen 95% Ihres Vermögens verdunstet sind, ersetzen Ihre *5% gerade die ehemaligen 100%*. Ihr Kapital wäre dann zumindest noch vorhanden.

▶ Den Medien zufolge spielt Gold im Finanzsystem nur eine winzige *Nebenrolle*, ist als Anlagevehikel völlig unwichtig und unsinnig. Wie merkwürdig, dass mitunter kollektiv 80 bis 120 Mrd. $ an diesem zinslosem, unnützem und *barbarischem Relikt* in London, New York, Dubai, Hongkong, Zürich, Sydney und Bombay umgesetzt werden. Und dies **an einem Tag**! Die Massenmedien schweigen tief. Ausserdem stürzt eine der führenden Grossbanken der Welt nach der anderen. Dies sind noch nie dagewesene Ereignisse epochaler Bedeutung. Es kracht im Finanzgebälk. Doch Gold lässt sich durch derartige Geräusche nicht einschüchtern. Im Gegenteil!

▶ In den USA und in Europa sinken die realen Einkommen der Mittelklasse langsam aber stetig durch *Kaufkraftverlust*. Dies trotz der Tatsache, dass heute 2 oder 3 Broterwerber mitarbeiten müssen, um die Familie und ihren Lebensstandard zu erhalten. Früher fiel diese Rolle nur **einer Person**, dem Familienvater zu. Mehr und mehr Menschen haben zumindest an Papiergeld weniger und weniger. Nur eine winzige Minderheit häuft immer mehr auf. Dieses Ungleichgewicht wächst von Jahr zu Jahr. Ab einer bestimmten Schwelle reinigt eine schwere Depression (wie ab 1929) die Luft und schafft gerechtere Verhältnisse. Die Ungleichgewichte sind heute bereits um ein Vielfaches grösser als 1929, dementsprechend werden auch die Folgen des Reinigungsgewitter heftiger ausfallen. Einige Zahlen zur Orientierung: 2003 wuchs das Vermögen der *Schein-Reichen* weltweit um knapp 8 % auf 29 Billionen $. 2006 wurden etwa 37 Billionen $ erreicht und per Anfang 2011 erwartet die sehr Wohlhabenden ein Gesamtvermögensstand von etwa 60 Billionen $, natürlich alles in Papier. *Reich* ist, wer wenigstens über eine Million $ an Nettovermögen in Papier verfügt, Häuser und andere Immobilien **nicht** gerechnet. Wenige Hände halten diese enorme Summe (etwa 20 von 1000 Menschen gelten als *reich*) und dem Rest fehlt die Kaufkraft, die Wirtschaft in Gang zu halten. Massenprodukte müssen aber einfach abgesetzt werden, sonst wachsen die Entlassungen aufgrund fallender Nachfrage überproportional und die Arbeitslosenraten auf 50 % oder darüber. Wären die Asiaten mit ihrem Nachholbedarf nicht in die Bresche gesprungen, das Spiel wäre längst zu Ende. Die Anzahl der *Reichen* wuchs 2003 um 500 000 auf knapp 8 Millionen und per Anfang 2010 wird mit 12 Millionen gerechnet, ungeachtet der Börsenverluste. Der Rest wird rapide fellachisiert. In der Schweiz leben etwa 200 000 *Reiche* mit insgesamt durch Banken verwalteten etwa 1000 Mrd. CHF. In den USA und neuerdings auch in Asien werden die *Reichen* bis Anfang 2010 jeweils gegen 10 Billionen $ in Papier halten. Andere Ungleichgewichte: Die *Minimum-Monatslöhne*. Einige Zahlen von 2006/2007: 1467 € (Luxemburg) und 72 € (Rumänien). Lettland hatte 116 €, Bulgarien 77 €, Türkei 240 €, England 1197 €, Frankreich 1197 €, Portugal 437 €, Polen 205 €, Griechenland 668 € und Ungarn 232 €. Für die USA galt natürlich 666 $, also etwa 510 €. Schwere Ungleichgewichte aber bringen Depressionen mit sich.

▶ Angenommen, der Goldstandard käme in einer seiner möglichen Varianten zurück und alle Finanzvermögen müssten durch Gold abgedeckt sein, wie stellten sich dann die Grössenordnungen dar? Wenn alles Gold der Welt sich auf 4 Mrd. Unzen beläuft und die Bevölkerung auf 7 Mrd. Seelen, entfielen *4/7 oder 17,7 Gramm auf jede*. Doch die Bevölkerung wächst rasch (etwa 82% der Menschheit lebt mit vielen Kindern in der zweiten und dritten Welt), und die Goldproduktion fällt langsam. Dann reduzierte sich der *individuelle Anteil* in einigen Jahren auf vielleicht 1/2 Unze (etwa 15,5 Gramm) pro Kopf. So gut wie alle anderen Rohstoffe ausser Silber, haben einen wesentlich höheren Pro-Kopf-Anteil. So gesehen ist Gold also *selten*. Mit einer Annahme von 100 000 $ pro Person an durchschnittlichem Geldvermögen der Welt und einem Goldpreis von 1000 $ pro Unze müsste sich der Goldpreis theoretisch verhundertfachen, um ersteres abzudecken. Diese reichlich abstrakte Überlegung will lediglich aufzeigen, dass eine *Rückkehr* zu einer Golddeckung enorme Steigerung der Kaufkraft pro Unze im Gefolge hätte.

▶ Der *Goldpreis* wird durch die Mächtigen per Derivatekonstruktionen und Notenbankenverkäufe massiv manipuliert und ist zu einer Art politischem Fussball verkommen. Doch je stärker er mit unsichtbarer Gewalt künstlich unter Wasser gehalten wird, umso stärker baut sich die Gegenkraft auf. Der Unzenpreis gleicht andererseits auch einer starken Spiralfeder, die, lange zusammengedrückt, nach Freigabe schlagartig expandiert. Die letzte fast schlagartige Expansion dieser Art erfolgte im Januar 1980.

▶ Der Dollar ist das genau passende Gegenstück. Hier wird die Feder mit Gewalt ausgezogen. Trotz seiner schleichenden Abwertungen gegenüber Sachwerten, Rohstoffen und anderen Währungen bleibt er immer noch in grotesker Weise überbewertet. Besonders nach der künstlich erzeugten Aufwertung im Herbst 2008. Eines Tages wird sich diese Feder ruckartig auf ihre natürliche Länge (besser *Kürze*), auf die Qualität der Währung einer Bananenrepublik, zusammenziehen.

▶ Papierwährungen ermöglichen eine *Versklavung der Bürger durch Steuerbehörden*, strenge Kontrollen jeden Einwohners, abhängig machende Subventionen, staatliche Zuschüsse und «Beihilfen», Renten, Pensionen, Sozialhilfen, «Stütze», Zwang zum Ausfüllen von Steuererklärungen und erzwungene Preisgabe aller persönlich-vertraulichen Informationen an einen fast allmächtigen Überwachungsapparat, Markierung von Geldscheinen, Steuerrückzahlungen – erst enteignen, dann einen winzigen Bruchteil *grosszügig* zurückerstatten. Dies bedeutet fortlaufende Überwachung und stille, gnadenlose Minderung der Kaufkraft durch bewusst herbeigeführte Inflation. Unterstützt durch parallel laufende Propaganda, Motto: «*Wie herrlich, einzigartig und sicher ist doch das Papiergeldsystem und wie lächerlich und nutzlos doch das zinslose Gold*». Gold aber befreit. Es verkörpert eine individuell-freiheitliche und keine kollektivistisch-sozialistische *Lösung* der Wertesysteme. Der Bürger gewinnt Unabhängigkeit, freie Entscheidung, bewahrt echten zeitlosen *Wert* auf, der nicht markiert, stillschweigend entwertet oder von einem allmächtigen Überwachungsapparat kontrolliert werden kann. Es gibt keine *Währungsreform* und die Ausgabe neu gedruckten Geldes mit anderen Symbolen darauf. Gold kennt keine Hyperinflation noch Deflation und ist nahezu unzerstörbar. Niemand kennt seine verschlungenen Wege. Es verleiht menschliche Würde, Souveränität und Zeitlosigkeit in allen Ländern und Regionen der Welt – alles Eigenschaften, die die regierenden Funktionäre des Systems hassen. Sie streben einen alles umfassenden, kollektivistischen

Weltstaat unter ihrer brutalen Kontrolle an. Da ist keine Raum für individuelle Freiheiten, Unabhängigkeit und deren besten Stellvertreter, dem Gold!

▶ Sobald sich der Goldpreis eines Tages zu ungeahnten und heute unvorstellbaren Höhen aufschwingt, werden die mächtigen Goldgegner und -hasser möglicherweise den Neid der besitzlosen Massen per Massenmedienkampagne aufstacheln. Dann tauchen *Begriffe* auf wie: kriminelle Goldspekulanten, Edelmetalldiebe, gewissenlose Goldhorter, Verfassungsfeinde, Volksfeinde, Währungsbetrüger, Diebe am Volksvermögen, Gold-Terroristen, Devisenschieber, Goldhaie, Goldhyänen, Gold-Blutegel, vom Elend der Massen Profitierende, schamlose Goldgeier, Feinde der Freiheit, Goldratten, Goldpestkranke, Feinde der wehrhaften Demokratie, heimliche Finanzierer des Terrorismus, Gegner aller wahren Patrioten. Währungssaboteure, Saboteure des Verteidigungswesens, Bedroher der Freiheit, Goldreaktionäre, Helfer des Feindes, usw. Derartiges war vor allem während der ersten Jahrzehnte der Sowjetunion (Todesstrafe auf Goldbesitz), aber auch anderswo zu vernehmen, und in den USA ab 1933 per gesetzliche Goldkonfiszierung. Sie wurde angeordnet, um die Bürger ins Papiergeldsystem zu zwingen, begleitet von einer verlogenen Medienkampagne, die Goldbesitzer als Gegner von Frieden, Gerechtigkeit und des Wohlergehens der USA porträtierte.

▶ Unter der konservativen Annahme, dass die Geldmenge M3 in den USA auf 14 Billionen $ zu stehen kommt und theoretisch 260 Millionen Unzen Gold zur Verfügung stehen, wovon allerdings mindestens die Hälfte ausgeliehen wurde und nie mehr zurückkehren kann, denn ein Kauf am offenen Markt ist praktisch unmöglich. Dann nämlich stossen im Falle einer Rückkehr zur goldgedeckten Währung 14 Billionen an Papier auf vielleicht 140 Millionen Unzen Gold (wahrscheinlich ist es nur die Hälfte, wenn überhaupt). Dann deckt eine Unze Gold, wie beispielsweise ein Krügerrand, 100 000 $ *Fiat Monopoly-Geld* ab. Ab Herbst 2008 setzte in den USA eine regelrechte Explosion der Geldmenge ein. Im Oktober 2008 beispielsweise belief sich die US-Geldvermehrungsrate jahresbezogen auf nahezu 100 %. Setzt sich diese fort, und davon können Sie ausgehen, dürften in wenigen

Jahren vielleicht 200 000 $ auf eine Unze Gold kommen. In anderen Ländern, mit Ausnahme Indiens mit seinen schätzungsweise 27 000 Tonnen – und Dubais, ist die Situation sogar schlimmer. Die meisten Staaten und ihre Zentralbanken haben so gut wie kein Gold mehr.

▶ Alle, die mit Gold-Futures und -Optionen handeln, sollten beachten, dass die Gegenpartei im Geschäft wegen physischen Goldmangels nicht mehr liefern kann. Dann ändern sich die Regeln über Nacht und die Auslieferungspflicht am Ende des Kontraktes wird suspendiert – genau wie es bei Silber bereits im Jahre 1980 geschehen ist. Daher: Im Ernstfalle ist *physisches Gold* immer besser als sogenanntes *Papiergold*, denn Letzteres stellt immer nur eine Forderung dar, die jederzeit ausfallen kann.

▶ Fast alle Länder, insbesondere die USA, zählen Schuldzinsen und Zinseszinszahlungen nicht zu den offenen Staatsausgaben sondern werden buchungstechnisch klammheimlich *aussen herum* geführt. Doch dieser Posten ist bereits der grösste nach *Soziales*. Auch wurde *Clintons Haushaltsüberschuss* als gewaltige Heldentat für ein gesundes Finanzsystem von den Medien über alle Massen gepriesen. In Wahrheit erzeugte *Clinton* ein Defizit von 600 Mrd. $, indem er schlicht und sehr unauffällig die Kassen der Social Security ausräumte. Auch liess er sich vom Kongress 1 Billion $ für neue Schulden bewilligen, *verbrauchte* hiervon jedoch *nur* 600 Mrd. $, dank Griff in die Social Security Kasse. Dieses entspricht einem Spieler, der sich 1 Mio. € leiht, davon aber am 1. Abend nur 600 000 € verspielt. Dem Clintonschen Stil zufolge erzielte er also am 1. Spieltag einen *Überschuss* von 400 000 €. Hervorragend, beispielhaft, smart, nachahmenswert, genial! So leicht kann man zum Helden werden. Mitunter muss die Dreistigkeit der Mächtigen und der Mangel an primitivster Intelligenz der Bürger überraschen. Gold ist fern von solchem Lug und Trug.

▶ Der Besitz von metallischem Gold schafft eine starke persönliche Verantwortung, nicht zuletzt der Familie und der Gesellschaft gegenüber. Die Spanne der Aufmerksamkeit ist viel grösser als die einem anonymen Bankkonto gewidmete. Von Teilen eines ob seines Glanzes bewunderten und betastbaren glänzend-faszinierenden Goldschatzes, den vielleicht sogar die Kinder kennen, trennt man sich bedeutend schwerer wie von ein paar abstrakten Zahlen eines elektronischen Kontos bei einer fernen Bank. Gold hält eine starke Verbindung zu Seele und Natur, im Gegensatz zu abstrakten Nullen und Einsen voll digitalisierter *Werte* auf einer Festplatte Ihrer von Pleite bedrohten Lieblingsbank. Die private Reserve der letzten Instanz steht wie ein Fels in der Brandung von Verfall, Krise, Krieg, Betrug, Täuschung und Terror.

▶ Gold ist etwas streng Privates, zu Fremden wird darüber nicht gesprochen. Selbst Freunden wird Gold kaum je gezeigt. Es kann nicht durch staatlich erzwungene Abbuchungen, Gebührenanfall oder durch Zugriff des Finanzamtes von einem Konto fremdbestimmt stetig in Raten abgeräumt werden oder schlagartig verschwinden. Die Regierungen können es nicht *weginflationieren*, da sie es nicht produzieren können. Eine Gefahr der Konfiszierung besteht jedoch, besonders in Zeiten extrem hoher Preisanstiege oder von Währungsreformen – sprich: akutem Staatsbankrott.

▶ Das *Gesetz der Symmetrie* ist auf der Seite der Goldbugs. 1929 begann ein Aktienbär sein Werk welches 18 Jahre dauerte, gefolgt von einem Bullenmarkt mit 22 Jahren Dauer. 1969 übernahm wieder der Bär (Symbol für fallende Märkte) für 14 Jahre das Regime (Tiefpunkt 1974), abgelöst von einem Bullen (Symbol für boomende Märkte), der 17 Jahre alt wurde. Im Frühjahr 2000 brach der Bär wieder aus seinem Käfig aus und er regiert noch immer. Die Chance, dass jener sich nur nach wenigen Jahren weder ängstlich verkriecht, wie es uns die Medien ständig suggerieren wollen, ist äusserst gering. Bulle wie auch Bär sitzen jeweils für wesentlich längere Perioden am Schaltpult der Börsenmaschinerie, wie die Geschichte anschaulich demonstriert. Doch gleichzeitig mit dem Aktienbär regiert stets der Goldbulle und umgekehrt. Sie sind eine Art unfreiwillig vereintes Paar.

▶ Die Aufwärtsbewegungen des *HUI* (Goldminen-Index für Nicht-Hedgers, meist klein oder mittelgross) und des *XAU* (Goldminen-Index für die Schwergewichte und oft *gehedgten* Unternehmen) beweisen trotz der kürzlichen Korrekturen, dass Goldaktien ihren

Verliererstatus der Vernachlässigung und Lächerlichkeit verloren und wieder zu echten Investmentalternativen mutierten. Der Anstieg des HUI von 35 auf 400 Punkte zwischen 1999 und 2010 stellt die Medienlüge *Gold ist tot* bloss. Trotz mancher Rückschläge handelt es sich hier immer noch um eine Verzehnfachung. Gold ist immer noch in den frühen Phasen eines Bullenmarktes. Wollen Sie sich bei der Goldpartei noch einschreiben?

▶ Im Sommer 2004 gründete Dubai zusammen mit den Vereinigten Arabischen Emiraten die *Dubai Metal and Commodity Exchange*. Ziel: Förderung und Ausweitung des Edelmetallhandels und Kanalisierung von Petro-Dollars (bald auch Petro-Euros und Petro-Yens) in diese Metalle. Arabien möchte damit unabhängiger von den dominierenden Zentren London und New York werden – und hat damit Erfolg! Der majestätisch dahinfliessende Goldstrom wird noch viele Bäche von Papierwährungen aufnehmen. Sind flüssige Anteile Ihres Papiervermögens auch dabei?

▶ Asien wendet sich verstärkt dem Gold zu. Selbst die Mongolen pflegen ihre alte Liebe wieder. Seit 1999 wanderten erstaunliche 10 % ihres BIP ins Gold ab. Indien allein absorbiert etwa ein Drittel der jährlichen Welt-Goldproduktion. China plant, die jährliche Absorptionsrate von 200 auf 600 Tonnen anzuheben. Japans Bevölkerung kauft mehr Gold als je zuvor. In Yen ausgedrückt hat dort der Goldpreis erst vor Kurzen einen neuen Rekord aufgestellt. Zu heutigen Preisen könnten die Japaner mit ihren Devisen- und ausländischen Wertpapier-Reserven die gesamte Weltproduktion etwa ein Jahrzehnt lang aufkaufen. Andere asiatische Länder sind ebenfalls Nettokäufer. Da etwa die Hälfte der Weltbevölkerung in Asien lebt und Einfluss wie auch Wohlstand und damit Kaufkraft der Mittelklasse wachsen, stehen die Aussichten für weiter steigende Goldpreise bestens.

▶ Asien ist im Gegensatz zu Amerika und Europa nicht oder kaum belastet mit faktisch unzahlbaren sozialpolitischen *Verpflichtungen* wie Gesundheitswesen, Altenpflege, Armut, Arbeitslosenunterstützung und drückenden Pensionslasten. Damit werden starke Kapitalströme frei, die in zusätzliche Produktivitätssteigerungen fliessen können. Dies wiegt in dieser Region besonders schwer, denn die Produktivität ist im Durchschnitt noch recht niedrig. Auch werden Investitionsentscheidungen zunehmend dem Privatsektor anvertraut und weniger dem ineffizienten Staat. Zudem sind die Asiaten für ihre *Sparwut* (bis zu 40% des verfügbaren Einkommens, 0% in den USA) bekannt, was eine echte Kapitalbildung ungeheuer beflügelt. Noch lange werden die Arbeitskosten niedrig bleiben und viele Millionen Bewohner von «Chindia» suchen noch Jobs. Jedes Jahr steigert Asien seine Wettbewerbskraft und damit seine wirtschaftliche und finanzielle Macht. Die Liebe zum Gold und zur wirtschaftlichen Eigenverantwortung scheint den Asiaten angeboren.

▶ Asiaten haben ein langes *Gedächtnis*. So haben sie die in der zweiten Hälfte der 1990er Jahre von der Wall Street und gierigen amerikanischen Finanzspekulanten inszenierte *Asienkrise* mit ihren Aktien- und Währungs-Zusammenbrüchen, den gewaltigen Verlusten der Anleger und der explodierenden Armut wie auch den zweistelligen Milliardengewinnen der Verursacher im Westen nicht vergessen. Anti-Amerikanismus ist weit verbreitet und wächst stetig. Man sieht seine Unabhängigkeit bedroht von Washingtoner Bürokraten, der Weltbank, dem Internationalen Währungsfond und ähnlichen Institutionen, die ihnen deren Währungs-, Finanz- und Wirtschaftspolitik sowie Armutsstrategien solange aufzwingen, bis Asien den Status einer Ansammlung völlig versklavter Staaten erreicht hat. Im Zuge der Asienkrise verordneten diese Mächtigen höhnischerweise dann als letzte Schmähung ein Leben in bitterer Armut, wo man sich die letzten Heller vom Munde absparen muss (dies ist keine Fiktion!). Sei es nun eingebildet oder real: Die Asiaten sehen mehrheitlich die Mächtigen der westlichen Finanz- und Bürokraten-Elite ein Leben im Super-Luxus in goldenen Palästen, auf Kosten der schuftenden geknechteten Asiaten, führen. Doch die Geknechteten werden alles versuchen, eine Wiederholung jener Ereignisse zu verhindern. Am Ende dieser Bestrebungen dürfte ein asiatischer Währungsblock stehen, ähnlich wie in der EU (vielleicht *AMU* – die Asian Monetary Union?), möglicherweise sogar auf einer Kombination von Gold Dinar, Gold Rupie und Gold Panda basierend. Dies wird jedoch noch dauern. Doch im Falle einer Krise und Notsituation könnte das gemeinsame Interesse, einen starken Gegenpol zu

New York und London zu schaffen, die noch sehr ausgeprägten wirtschaftspolitischen Differenzen zügig überwinden. Vielleicht formen China, Indien und Japan den Kern dieser Union, ähnlich wie Deutschland, Frankreich und Italien einst den Kern der EU formten. Andere schliessen sich dann an, da die Asiaten zum einen Gold lieben und zum anderen höchst anschaulich gesehen haben, wie die Goldbesitzer die Asienkrise blendend überstanden, während Aktien und Währungen katastrophal im Wert verfielen.

▶ Die weit über 1000 Jahre alte klassische und vom Propheten im Koran ausdrücklich vorgeschriebene *Doppelwährung*, die 1924 mit dem Zusammenbruch des Ottomanischen Empires endete, wurde mit der Eröffnung der Islamischen Münzanstalt (Islamic Mint) in Malaysia vor einigen Jahren wieder belebt. Bemerkenswert, dass sowohl der Koran als auch die amerikanische Verfassung eine identische Aussage gemeinsam haben: «*Nur Gold und Silber ist Geld*»! Erstaunlich nur, dass diese Vorschriften so grob missachtet werden. Kommen die islamischen Fundamentalisten zur Macht, was im Falle einer Weltkrise mit globaler dauerhafter Überschreitung der Schmerzschwellen ohne weiteres möglich erscheint, werden diese nicht zögern, zu den einstigen, fundamentalen Gegebenheiten zurückzukehren. Wahrscheinlich kehrte die Untersagung des Zinsnehmens zurück. Dieses *kanonische Zinsverbot* galt viele Jahrhunderte und der Koran verbietet den Zins in der 2. Sure ebenfalls («... *Wer den Zins nimmt, soll so aufstehen, wie derjenige aufsteht, den der Satan packt und zu Boden schlägt... Allah belohnt den Geber und Wohltäter und vernichtet den Zinsnehmer...*»). Die beiden vorgeschriebenen, übrigens sehr schönen Münzen, sind der *Gold-Dinar* und der *Silber-Dirham*. Beide gewinnen seit ihrer Wiedergeburt vor wenigen Jahren rasch an Bedeutung. Eine potentiell tödliche Gefahr für den US Dollar stellen also die Muslime insofern dar, als fast 1,5 Milliarden Menschen kurzfristig aus Papiergeld aussteigen könnten, um sich den strikten Vorschriften des Koran in Sachen Währung und Zahlungsmittel wieder zu unterwerfen. Es genügte schon ein simultaner weltweiter Ausstieg der Gläubigen aus dem US-Dollar, um diesen und damit das weltweite dollarbasierte Finanzsystem zu vernichten. Ebenso die Schändung der Kaaba oder der heiligen Moschee in Jerusalem oder Ähnliches würde reichen, um über eine Milliarde Menschen in hoch aggressive Stimmung zu versetzen. Kein Schuss und keine Gewalttat wären ansonsten nötig, um das verhasste System des *Grossen Satans* (New York), nebst dem *Kleinen Satan* (London) zu Fall zu bringen. Ein Abstossen von US-Dollars und anderen Fiat- (künstlich gemacht) Währungen und ein Umsteigen auf die beiden Koranmünzen hätte erdbebenähnliche Wirkungen auf die gesamte Welt. Der sich dann öffnende Erdspalt würde den Dollar und seinen Hofstaat und so manches schmückende Beiwerk verschlingen. Danach erschiene *König Gold* nebst seiner *Königin Silber* aus der Verbannung seiner zinsfreien Gletscherspalte in vollem Glanze. Der immerhin mögliche Versuch, dem Islam «*das Rückgrat zu brechen*», könnte also ganz andere, als die erwarteten Wirkungen zeitigen. Ein solcher Schuss kann durchaus nach hinten losgehen. Die beiden Hofprinzen: Das edle Paar Gold Dinar und Silber Dirham schwebt wie ein Damoklesschwert mit Doppelgriff über dem Herz der jetzigen Weltwährung, dem guten alten, abgewirtschafteten Dollar. Vielleicht aber hört dieses Herz schon lange vor einem solchen Schwertstreich auf zu schlagen.

▶ Das Saudi Arabische Königreich der Dynastie *Saud* ist in Gefahr von fundamentalistischen Kräften gestürzt zu werden. König *Fahd* starb im Sommer 2005. Seine Nachfolger sehen die Machenschaften Washingtons sehr viel kritischer und sind nicht mehr die pulszählenden Sklaven und unterwürfigen Ja-Sager wie ihre Vorfahren. Inmitten wachsender Verschuldung, steigender Arbeitslosigkeit und fallender Volkseinkommen haben es der König und seine Armee von rund 6000(!) Prinzen geschafft, an der Macht zu bleiben. Die Unruhigen und Unzufriedenen werden zur Zeit mit gewaltigen Händen voller Geld aus dem langsam versiegenden Ölstrom ruhig gestellt. Wie lange noch? Der *Peak Oil* wurde erreicht und schon überschritten. Andere Einkommensquellen bleiben mager und könnten Öl niemals auch nur annähernd ersetzen. Die Zeit arbeitet für die Fundamentalisten und religiösen Eiferer. Vom Tag einer allfälligen Übernahme an, dürfte der Ölstrom in Richtung *Grosser Satan* und *Kleiner Satan* in Gefahr geraten – mit unabsehbaren Konsequenzen. Sowohl die künftigen lokalen Machthaber wie auch Washington wissen das. Ob sich dann die USA der Ölfelder gewaltsam bemächtigt und die islamische Welt zur Weissglut reizt, bleibt abzuwarten. Wie das Midas Metall dann wohl darauf reagieren wird?

▶ Die unablässigen *Goldkriege*, also die preisdrückenden Manipulationen der Hochfinanz, werden, genau wie die *Golfkriege*, in absehbarer Zukunft zu einem Ende kommen. Die Zentralbanker und Regierungen gewinnen viele Attacken und Scharmützel, so wie mit ihren gut koordinierten Machenschaften in 2008 und 2010. Aber die finale grosse Entscheidungsschlacht werden sie verlieren. Um *Martin Luther* zu zitieren: «*Das ist gewisslich wahr*»! Gold ist mächtig und gibt niemals auf. Echte Marktkräfte werden übernehmen. Bereiten Sie sich auf ein epochales Geschehen mit gewaltigen Verwerfungen vor, solange die Schlacht noch unentschieden hin und her wogt.

▶ Nur die USA können ihre *Weltwährung* in beinahe unbegrenzten Quantitäten zum Nahe-Nulltarif erzeugen, dem Rest der Welt die Abnahme aufzwingen und so die Masse ihrer Importe, insbesondere Rohstoffe und Öl, gewissermassen kostenlos, ohne echte reale Gegenleistung an Gütern und Dienstleistungen als Geschenk erhalten. Allen anderen Ländern ist dieser ans Wunderbare grenzende Kunstgriff verwehrt, da sie eben nicht die Weltleitwährung haben und Öl, Gold und nahezu alle wichtigen Rohstoffe und Güter in Dollar kotiert und bepreist sind. Damit ist die *ewige Dollarnachfrage* weltweit, zumindest theoretisch, garantiert, und es kann beliebig gedruckt werden, was die Druckplatten nur halten. Genau dies tut die kleine Privatorganisation im Besitz weniger Familien, genannt *Fed* (eine Dreifachlüge in nur einem Begriff: Weder Federal, noch Reserven, noch Bank), denn auch ohne jede Hemmung dank ihrer völlig unkontrollierten Monopolstellung und nach Kräften. Nicht die amerikanische Regierung, Kongress oder Senat als Vertretungen des Volkes haben irgendwelchen Einfluss auf Geldschöpfung und Zinsen. Nur eine winzige Gruppe von Privatbankern bestimmt das Geschehen am USA-Markt und den internationalen Märkten. Natürlich behalten sich die Mitglieder dieses mächtigsten Kleinklubs der Welt *ausreichende Mittel* für sich selbst zurück und verlangen nicht nur Zinsen für die frisch gedruckten grünlichen Papierchen mit den Köpfen toter Präsidenten, sondern der gesamte Grundbesitz der

Vereinigten Staaten haftet dieser Fed bzw. deren Eignern in gesetzlich verankerter Weise. Hier läuft der gigantischste Betrug in der Geschichte der Menschheit vor aller Augen ab und man hört kein Wort des Widerspruchs oder Protestes. *John F. Kennedy* hat das Einbringen einer Gesetzesvorlage, was diesem Treiben ein Ende setzen und dem Land endlich eine eigene Währung zurückgeben sollte, bestimmten Quellen zufolge, genau wie sein Amtsvorgänger *Abraham Lincoln*, mit dem Leben bezahlt. Die allererste Amtshandlung seines Nachfolgers war die Rücknahme dieser Gesetzesvorlage. Solange der Betrug nur gross genug ist, erhält er einen glaubwürdigen Anstrich. Nur Kleinbetrüger werden gefasst. Tröstlich: Gold betrügt weder im Kleinen noch im Grossen.

▶ Wegen der Vernetzung durch die *Globalisierung* aber würde eine ernste Dollarkrise über 100 andere Länder beeinflussen und deren finanziellen Systemen schwer schaden. Damit aber würde die gesamte Weltwirtschaft in einen gewaltigen Abwärtsstrudel gerissen. Dies wird dann geschehen, wenn das Vertrauen in den Dollar zusammenbricht. Vertrauen ist alles, was dieses betrügerische System der Täuschung und Machtsucht noch am Leben erhält. Früher spielte diese Rolle das Gold (flankiert von Silber). Derzeit soll durch eine einzigartige globale Kampagne das schwer angeschlagene Vertrauen in den Dollar restauriert werden. Gold und Silber erlitten im Sommer und Herbst 2008 mehrere kleine Blutbäder und auch der Euro stürzte ab. Der Masse soll der Eindruck vermittelt werden, dass der Doller etwas Wunderbares, Solides, Einzigartiges, Stabiles und Zuverlässiges ist. Vertrauen ist vermeintlich voll am Platze. Schwände dieses, fiele der Dollar und damit die einzige verbliebene Supermacht inklusive Fed in die Mülltonne der Geschichte und zwar sehr rasch und tief. *Derartiges muss mit allen Mitteln verhindert werden.* Dabei steht das Finanzsystem am Abgrund, die Weltkonjunktur zittert wie ein geschüttelter Wackelpudding, der zu lange in der Sonne stand, die Kreditvergabe der Banken klemmt, gegenseitiges Misstrauen grassiert, Inflationsraten erreichen neue Rekorde und die Arbeitslosenraten steigen. Mittlerweile marschieren nicht nur grosse und kleine Banken sondern ganze Länder in den finanziellen Bankrott. Sollten die letzten Mittel der Verzweiflung versagen, wie sie im Wesentlichen von konzertierten Aktionen der Zentralbanken durch willigen Ankauf immer neuer frisch produzierter Dollarlawinen und durch Verkauf von Goldreserven dargestellt werden, bliebe Krieg als letzter Ausweg und als Universalentschuldigung für Totalkontrolle, Voll-Überwachung und Ablenkungsmanöver. Schliesslich fabrizierten die vom Sturz bedrohten Mächtigen in der Geschichte immer einen Sündenbock, der dem ahnungslosen Volk präsentiert und gekonnt verteufelt wurde. Der Volkszorn kann dann in eine andere Richtung kanalisiert werden.

▶ Ungefähr 310 000 $ an persönlichen Schulden in den USA sind durch eine Unze der offiziell vorhandenen Goldreserven gedeckt. Wie viele von diesen noch vorhanden und nicht dem *Gold-carry-trade* zum Opfer gefallen sind, wird eine künftige Untersuchung zeigen müssen. Seit vielen Jahren wird jede Inventur oder Auskunft verweigert. Aber selbst wenn alles vorhanden wäre, gibt diese Zahl zu denken, was den künftigen Goldpreis betrifft. Irgendwann werden *Sheriff Gold* und der auf den ersten Blick so sympathische Halunke *Billy the Papierkid* voll bewaffnet aufeinander treffen. Der Ausgang ist keineswegs ungewiss.

▶ Ein Stück Gold ist ein Stück Freiheit. Es ist noch nicht *versteuerbar*. Sollte je eine direkte Goldsteuer kommen, käme dies einem offensichtlichen Raube durch die Behörden gleich, da sich Gold weder automatisch vermehrt, noch Zinsen trägt. Aber man könnte vielleicht die Steuersubjekte zum Steuerstichtag Teile von ihren Gold- oder Silberbarren mit Laubsägen abtrennen sehen, ein sicher herzerfrischender Anblick. Gold begleitet Sie treu in alle Länder, ist den Enkeln vererbbar, und seine Besitzer sind normalerweise langfristig denkende und agierende Menschen, eher konservativ in ihrer Weltanschauung. Sie verurteilen den zentralen Gegner aller Freiheit: *Sozialismus*, mit seinen verheerenden Menschenexperimenten, den üblen Machenschaften der Sozial-Ingenieure, totaler Kontrolle durch eine winzige Minderheit, seiner Mangelwirtschaft, der fortlaufenden Fälschung von Statistiken, dem Lügenapparat im Allgemeinen sowie der entweder extremen Versteuerung oder den kläglichen Einkommen im Besonderen, wie auch der Militär-, Zuteilungs- und Rationierungsbürokratie. Sie sind weiterhin fast immer gegen *Gun Control* und die allmächtige

Bürokratie im wachsenden Polizeistaat. Sowohl Waffen- als auch Goldbesitz (*Second Amendment* der USA-Verfassung) verkörpern je ein Stück persönlicher Freiheit. Vergessen Sie nicht, dass gilt: Für Goldbesitzer: Freiheit expandiert; Für Halter von Wertpapieren aller Art: Freiheit schrumpft, und *Big Government* dringt in alle Bereiche des Privatlebens ein. Regierungsmacht und Freiheit für Bürger sind wie Eis und Feuer. Gold hilft dem Feuer.

▶ Der US-Kongress bewilligt(e) neben den Summen der täglichen Routine bisher nachstehende Beträge (Zahlen in runden Einheiten) mit einmaligem Charakter, welche er einer abgestumpften Öffentlichkeit werbewirksam verkaufte:

- 200 Mrd. $ für Computerglitch Y2K (Jahrtausendwende)
- 350 Mrd. $ für Golfkrieg I
- 700 Mrd. $ für Rüstung (pro Jahr), Tendenz steigend
- 380 Mrd. $ für den *Krieg gegen den Terrorismus*, selbsterfundener und praktischerweise unsichtbarer Gegner, der überall lauert (besonders in den Hirnen seiner Schöpfer in Washington) und noch viele Jahrzehnte als Entschuldigung für den Eilmarsch in die faschistische US- und später Welt-Diktatur herhalten muss. Diese Summen dürften nicht nur tendenziell, sondern gar exponentiell wachsen.
- 180 Mrd. für den Krieg gegen die Armut trotz vorprogrammierender Totalniederlage
- 80 Mrd. für die Rolle als selbsternannter Weltpolizist
- 70 Mrd. für drohende Energieverknappung
- 400 Mrd. für den Krieg in Afghanistan, die Summe wächst weiter
- 700 Mrd. für dem Irakkrieg, Summe nimmt ebenfalls zu
- 90 Mrd. für Wasserknappheit, die Wasserinfrastruktur ist vielfach über 100 Jahre alt, leidet an grossen Leckverlusten
- 20 Mrd. im Krieg gegen Analphabetentum da etwa 15% aller Amerikaner nicht lesen und schreiben können, ganz wie in einem Dritte Welt-Land
- 500 Mrd. jährlich für den Schuldendienst (Zinszahlungen)
- 80 Mrd. jährlich für *nicht budgetierte Ausgaben* im Namen der *nationalen Sicherheit*
- 20 Mrd. für den Strafvollzug, etwa 3 Millionen Amerikaner oder 1% der Gesamtbevölkerung sitzen bereits hinter Gittern! – und weitere Kleinbeträge, wie insgesamt

- 3 bis 5 Billionen $ (mit *B*!) für die vermeintliche Rettung und Inbetrieberhaltung der bankrotten Hypothekengiganten *Fannie Mae* und *Freddie Mac*. Letzterer Betrag wird erst im Laufe der kommenden Jahre tranchenweise fällig. Die Steuerzahler ahnen noch nichts von ihrem Glück. Hinzu kommen die *Rettungssummen* für die Banken, die am Ende auf über
- 2 Billionen $ auflaufen dürften. Eine einmalige Abschreibung auf uneinbringliche Kreditkartenschulden in Höhe von
- 500 Mrd. $ wird derzeit angekündigt. Es handelt sich im Wesentlichen um auf Kreditkarten gekaufte Aktien und andere *Wertpapiere*. Inzwischen sind diese Papiere weitgehend wertlos geworden aber die Schulden auf die Plastikkarten blieben bestehen. Mit der fortschreitenden Krise in der Realwirtschaft werden die Arbeitslosenraten steigen, die Einkommen und damit die Fähigkeiten der Rückzahlung fallen. Somit ist eine weitere Billion $ an Schuldverpflichtungen in Gefahr.

▶ Hier werden *unvorstellbare Summen*, die zudem ständig weiter wachsen, in kranke Hypotheken, kaputte Banken und andere Finanzinstitutionen gepumpt, eine Fehlinvestition astronomischer Ausmasse. Es werden sterbende oder völlig zerrüttete Subsysteme mit Steuergeldern gestützt und damit nur temporär am Leben erhalten. Im Grunde unrettbar Todkranke mit monetären Spritzen noch einmal aufgemöbelt und gleichzeitig werden ehemals Gesunde nunmehr krank, sozusagen zwangserkrankt.

Beispielsweise wurde die grösste Versicherung der Welt, *AIG*, mit 85 Mrd. $ Steuergeldern beglückt. Später wurden weitere 35 Mrd. $ an *Nachschuss* verlangt. In einem einzigen Monat, dem September 2008, half Washington finanzkrebskranken Unternehmen mit einer Drittel Billion $. Seither reisst die Kette der Pleitemeldungen nicht mehr ab. Was früher eine einmalige Weltsensation war, wurde mittlerweile zur Routine. Ein paar hundert Milliärdchen hier, ein paar lumpige Billiönchen da, es läppert sich zusammen. Bald schon handelt es sich um wirklich ernstzunehmende Sümmchen. Die erste Billiarde ist in Sicht (eine Million Milliarden US$ = 10^{15} US$!!!). Und das meiste hiervon stammt von frisch gedrucktem oder durch kreative Kreditschöpfung mühelos geschaffenem *Geld*. Oder es wird den Bürgern weggesteuert oder von dummen Ausländern mit Tagestranchen von über 2 Mrd. US$

geborgt, denen mit massiv gefälschten Statistiken als Lockmittel Stärke und solider Führungsanspruch vorgegaukelt wird. Bei all dem wird geflissentlich übersehen, dass der die Krise auslösende USA-Immobilienmarkt noch immer im freien Fall verbleibt und dass der pralle Ballon der nächsten Megablase gerade seine Nadel gefunden hat. Es ist der über 1 Billionen $ schwere Kreditkartenmarkt, der nach Art und Umfang dem angeschlagenen Immobilienmarkt gleichen soll. Auch andere scharfe Tretminen sind im Wald der Finanzen verborgen. Die hochempfindlichen Zünder warten nur noch auf den todbringenden Tritt.

Mittlerweile gehen ganze Länder reihenweise Pleite. Island eröffnete den Reigen der Bankrotteure, gefolgt von Ungarn, der Ukraine und anderen Ländern des ehemaligen Ostblocks sowie Griechenland.

Das durch die Medien pflichteifrig verbreitete *Märchen vom baldigen Ende der Finanzkrise* geht den Vorlesern wohl besonders zu Herzen, ist aber leider – eben – ein Märchen. Die *Krise* hat, im Gegenteil, noch gar nicht begonnen!

Das Überschwappen auf die Realwirtschaft steht noch aus. Dann erst wird Opas Märchenstunde höchst unsanft unterbrochen. Für Gold schlägt dann irgendwann die grosse Stunde und für die Hochfinanz die Stunde der Wahrheit.

▶ Reflektieren die aktuellen Ereignisse die *Stärken* der *Grössten Weltmacht aller Zeiten*? Es handelt sich wohl eher um den wohlkaschierten Endkampf eines zusammenbrechenden Finanzimperiums. Wann genau der Totenschein ausgestellt wird, ist unmöglich vorauszusagen. Der Autor verfügt leider nicht über die *Gabe der Prophetie*. Doch sei eine persönliche, gewagte Zeithorizont-Schätzung erlaubt: Gegen Ende des Jahres 2012. Daher gilt, um in der Terminologie und der heiligen Silbe der Yogis, Buddhisten und Lamas zu sprechen: «*Kaufen Sie Gold, kaufen Sie Silber, ommmmm, ommmm, ommmmm!*» Diese Silbe entspricht übrigens unserem *Amen*, was auf heimischem Platz ebenfalls benutzbar ist.

▶ Zum guten Ende: Gold muss vielmehr als *Versicherung* denn als Spekulationsobjekt gesehen werden. Ziel ist es nicht, reich werden zu wollen – und schon gar nicht *schnell*, sondern sich im Notfall bei einem Versicherer melden zu können, der immer präsent, ultra-liquide und niemals insolvent ist. Der immer ohne Klauseln, Tricks und Vorbehalte in allen nur denkbaren Situationen widerspruchslos in voller Höhe zahlt. *Erwerben Sie diese beste Versicherungspolice der Welt,* die kluge Voraussicht und geduldiges Warten immer und überall belohnt. Wenn andere alles verlören, halten Sie zumindest noch einen echten Wert in Händen. Die Risiken sind bei mittleren Produktionskosten von über 500 $ pro Unze gering. Fiele der Goldpreis unter diese Marke, beginnen die Minen zu schliessen und ernsthafte Angebotsverknappung setzt ein. Die Zukunft gehört also Ihnen. Und schenken Sie dem Propagandafeuer der Massenmedien keine Beachtung getreu der Steigerung: *Lügen, grosse Lügen, gigantische Lügen, Regierungsstatistiken.* Denken Sie langfristig, nutzen Sie Preiskorrekturen in kluger Weise und üben Sie sich in Geduld. Sie haben in *König Gold* und *Königin Silber* mächtige und viele tausend Jahre alte Verbündete, die auf Dauer noch nie versagten. Sie werden auch dieses Mal nicht versagen.

———————— ◆ ————————

❝ Die seit Jahrzehnten laufende
gigantische Liquiditätsmaschine der Staaten
täuscht einen Reichtum auf Pump vor,
der um den unendlich bitteren und hohen Preis
künftiger Verarmung vorfinanziert wird.
Dieser gepumpte und getürkte Reichtum führt
zu einer Ressourcenverschwendung, wie sie keine
noch so «wilde» freie Marktwirtschaft erzeugen könnte.
Das staatliche Beliebigkeitsgeld ist der grösste
Umweltverschmutzer der Weltgeschichte. ❞

Roland Baader – Freiheitsfunken

Freiheit durch Gold

VIERTES KAPITEL

Schützenhilfe von Politikern?

Rückkehr zum Gold

In vergangenen Jahrhunderten war *Besitz* von Gold und Gold-minen integraler Bestandteil der Machtpolitik. Alle Herrscher, Machthaber und Politiker versuchten, sich so viel wie nur möglich vom Metall und seinen produktiven Quellen zu sichern. Sogar Alaska wurde für ein Dollar-Äquivalent von Gold als Ausdruck amerikanischer Expansionspolitik erworben. Schier unglaublich: Vor langer Zeit war der Dollar *so gut wie Gold*. Sein Preis wurde amtlich fixiert und stand für jeweils viele Jahre auf beispielsweise 20,67 $, 35,00 $ oder 42,22 $ pro Unze. Doch inzwischen wurde das Metall völlig demonetarisiert und gewann, dank gezielter poli-tischer Machenschaften und der Unterstützung durch die Medien, zeitweilig schon fast den Status eines ordinären Rohstoffes.

Die *Feinde* des Goldes wissen sehr genau, dass Gold in pri-vater Hand das Risiko betrügerischer Aktionen der Politik, von Staatsbankrotten und von inflationärer Vernichtung von Kaufkraft eliminiert, ja sogar zum Sturz von Regierungen, politischen Par-teien und ihren lizenzierten Agenten, den Zentralbanken führen könnte. Existenz und Macht der derzeit Herrschenden hängt ja von einem gut funktionierenden Papiergeldsystem und vom un-bedingten Vertrauen der Bevölkerung in dieses ab. Daher ist und bleibt dem Bürger nur ein einziges und zum Glück einfaches Mittel, den geldpolitischen Machenschaften und der Macht des Anti-Goldkartells mit ihren Zwängen und dem politisch arrangier-tem Verfall von Kaufkraft und Vermögen zu entkommen: **Gold kaufen und halten**.

Verschwindet eine Regierung und damit alle von ihr abgege-benen Versprechen, ein politisches System oder eine Währung, sind Gold bzw. die Anzahl von Unzen im physischen Privatbesitz nach wie vor da. Treu und zuverlässig bewahrt es seinem Eigner Kaufkraft.

Die Exzesse und Ungleichgewichte der heutigen Finanzsysteme haben historisch einmalige Dimensionen erreicht und wachsen weiter. Die ungebrochen weiter schwelende Immobilienkrise, die kommende Kreditkartenkrise, ungehemmter Druck von Frischgeld, Schaffung von elektronischem Geld, kostspielige Kriege, ein explodierendes Kreditsystem, wachsende unproduktive Verwaltungs- und Überwachungsbürokratien sowie Schuldenberge, werden inzwischen selbst unbedarften Hausfrauen sichtbar. Seit letzten Winter sind an den Weltbörsen über 30 Billionen US$ (30'000'000'000'000) im Sog eines *schwarzen Loches des Finanzuniversums* verschwunden. Das gesamte Bruttosozialprodukt der USA für etwa drei Jahre löste sich in dünner Gebirgsluft auf. Der Verlust könnte vielleicht sogar auf das Doppelte steigen. Eine rasch alternde Bevölkerung mit steigenden Pensionsansprüchen, der kommende Zusammenstoss der letzten Supermacht mit der aufstrebenden und selbstbewussten Konkurrenz in Asien, der Konflikt der Westmächte mit Russland und dem Islam sowie mittelfristig einsetzende allgemeine Rohstoff-, Wasser- und Nahrungsmittelverknappung, werden die *Probleme verschärfen*. Diese Entwicklungen laden Gold geradezu ein, wieder Kutschbock, Zügel und Pferde von Wirtschaft und Finanzen zu übernehmen. Der *Goldbär* erwacht aus seinem Schlaf. Er wandelt sich, ähnlich der Metamorphose der hässlichen Raupe zum schönen Schmetterling, zum Goldbullen.

Tricks, destruktive Volksbeglückung und systematische Täuschungsmanöver

Eine stetig wachsende Zahl von Menschen, selbst jene ohne jede politischen Ambitionen, begreifen heute, dass Politiker einer völlig anderen Denk- und Funktionsweise unterliegen wie der Normalbürger. Wie konnte es überhaupt zu den derzeitigen Entgleisungen im Finanzsystem und in zunehmendem Masse in der Realwirtschaft kommen? Gab es denn *keine weitsichtigen Politiker*, die die allgemeine Misere, die Scheinblüte und die Schuldenorgie mittels vernünftiger Massnahmen in verantwortungsvoller Weise hätten verhindern können?

Die Antwort auf diese zentrale Frage lautet leider:
Nein!!

Abgesehen von wenigen Ausnahmen ohne entscheidenden Einfluss arbeiten Politiker, zumindest solche auf den höheren Ebenen der Macht, mit oftmals üblen Tricks, zerstörerischer Volksbeglückung auf Pump und systematischer Täuschung ihrer Wähler. Dabei sind viele Machthaber *nicht einmal gewählt*, wie beispielsweise die Funktionäre von Brüssel. Sie folgen hierbei dem nachstehenden *Regelwerk* im Denken und Handeln.

▶ Die Mehrheit der Politiker ist in Wahrheit nicht wirklich am Wohlbefinden und an der Wohlfahrt ihrer Wähler interessiert, was sie natürlich kategorisch und oft mit grossem Pathos abstreiten. Sie genehmigen sich selbst stetig steigende Gehälter, Spesenkonten, inflations-indexierte fette Pensionen und Abfindungen. Diese bleiben sogar oft *steuerfrei*, wie beispielsweise die Mitglieder des Brüssel Monsters. Von derlei Üppigkeit können gewöhnliche Steuerbürger, Rentner, Familienväter und Geschäftsleute nur träumen.

▶ Sie können der Versuchung mehr Gelder auszugeben, als eingenommen werden, fast niemals widerstehen. Damit halten sie ihre Wähler zufrieden und ihre Wiederwahl ist in den meisten Fällen garantiert, nach dem Motto: «*Der hat wirklich was für uns getan*». Sie bleiben fast immer im Amt, ungeachtet der durch sie immer weiter aufgetürmten Schuldenberge und deren Bedienung. Begriffe wie *Haushaltslücken, unerwartet fallende Steuereinnahmen, dringende Rettung maroder Grossunternehmen und Banken wegen der Erhaltung der Arbeitsplätze* oder *dem drohenden Zusammenbruch des Systems* werden zum Standardvokabular des Entschuldigungskataloges. Zum neuen Vokabular gehören Begriffe wie: *marktzwanginduzierte Personalreduktionen*, früher: Entlassungen, *sachzwangreduzierte Ehrlichkeit*, früher: Wirtschaftskriminalität oder auch *etwas ausserhalb der legalen Rahmenabsteckungen operierende Eigentumstransfer-Spezialisten*, früher: Wirtschaftskriminelle, sowie von *Qualitätsfachpersonal für Einlasstechnik und Bargeldkontrolle*, früher: Flugplatz-Sicherheitsteams, von *leicht negativ tendierenden periodenbezogenen Ertragsüberschüssen*, früher: Verluste und schliesslich von *gelegentlich schwach wohlstandsreduzierenden und kleinkundenfeindlichen institutionellen Finanz- und Kreditinstituten der mässig regulierten Oberklasse mit eingebauten Rettungsansprüchen im operativen Geschäft fallender Arroganz*, früher: Banken. Selbst *Orwell* wäre geschockt. Wie banal wirken dagegen altvertraute Begriffe wie *Klarsichttechniker* für Fensterputzer oder *Facility Manager* für Hausmeister. Politiker sind offensichtlich an Erfindungsreichtum kaum zu überbieten, besonders wenn es um Wortschöpfungen, Versprechungen und Goldpreismanipulationen geht.

▶ Die entstehenden Finanzierungslücken in staatlichen Haushalten werden durch immer neue Verschuldung oder durch Steuererhöhungen – selten jetzt, meist erst morgen – gefüllt, oder wo immer möglich, durch kreative Buchführung verschleiert. Die Konsequenzen sind meist langfristiger Natur, für die getäuschten Wähler also nicht sofort sichtbar. Motto: *Nach uns die Sintflut, unsere extrem grosszügigen Pensionen sind uns sicher.*

▶ Die Hemmungen eigenes Geld auszugeben sind stark. Sie fallen ein wenig wenn Gelder des Ehepartners oder eines Verwandten ausgegeben werden und noch stärker, wenn es um Firmenspesen geht. Nahezu alle Dämme aber brechen, wenn es sich um anonymes *Fremdgeld*, wie das des gesichtslosen Steuerzahlers handelt. Dann gibt es kein Halten mehr. Selbst grosszügig festgelegte Haushaltsrahmen werden regelmässig gesprengt. «*Wieso auch nicht? Warum sollte ich sparen? Es gehört mir doch nicht.*»

▶ Politische Planungen finanzieller Art sind immer kurzfristig orientiert und niemals auf lange Zeit *solide*. Nur der Erfolg der nächsten Wahl zählt.

▶ Die Phrase: *Die Schulden von heute sind die Steuern von morgen* ist eine Halbwahrheit. Es muss eher heissen: *… ist die inflationäre Enteignung von morgen.* Es wird mit in Massen geschaffenem Papiergeld zurückgezahlt, das immer weniger Wert ist. Die Schraube der Direktbesteuerung lässt sich nämlich nicht beliebig anziehen. An der Stellschraube der Grosspresse der unsichtbaren *Inflationssteuer* hingegen, deren Druck alle (ausser den Politikern) gnadenlos ausquetscht, kann nahezu nach Gutdünken gedreht werden. Es wird keine Revolution geben, wenn regelmässig Jahr für Jahr beispielsweise mit 10% weginflationiert wird. Der Bürger trägt geduldig seinen *fairen Anteil*. Die Bevölkerung ist leidensfähig und bemannt erst die Barrikaden bei Teuerungsraten von einigen hundert Prozent pro Jahr, jedoch schon bei Steuererhöhungen von vielleicht nur 20-25%. Die Politiker wissen das genau.

▶ Sind *unpopuläre Entscheidungen* zu treffen, werden diese auf den Anfang der Amtszeit verlegt. Wähler haben ein erstaunlich kurzes Gedächtnis und haben die früheren Härten bis zu Wiederwahl längst vergessen.

▶ Wird die Schmerzgrenze im Wählervolk erreicht, präsentiert man Sündenböcke. Z. B. Horter, Spekulanten, Heuschrecken, Saboteure, Bin Laden, Muslime, Juden, Nazis, Kommunisten, Pfaffen, Chinesen, Russen, Faschisten, Japaner, Hitler, Stalin, Zigeuner, kriminelle Elemente, Volksschädlinge, Volksfeinde, die OPEC, Steuerflüchtlinge, die Reichen, ausländische Elemente, Rauschgiftbarone, Rebellen, die Mafia, unverantwortliche Banker (selten), allgemein: *Staatsfeinde* und natürlich die anonyme, nie greifbare und ideale Gruppierung der *Terroristen*. Eine Person, Gruppe oder mehrere dieser Sündenböcke sind dann *an allem schuld*.

▶ Dagegen verteidigen *wahre Patrioten*, *echte Demokraten* oder *alle Bürger unserer grossen Nation* das *Vaterland*, die *Freiheit*, die *demokratischen Grundwerte* (z. B. in Afghanistan, der Ölregion, im Kosovo, Irak oder demnächst im Iran). Erstaunlich, dass die Demokratie immer in öl- oder rohstoffreichen bzw. geostrategisch wichtigen Gegenden verteidigt wird. Genau dort finden sich stets massenhaft *terroristische Elemente*, meist jedoch lediglich im Nebel der Medien. Auch erstaunt der rasche Etiketten-Wechsel von *befreundeten Freiheitskämpfern*, wie den Taliban nach dem sowjetischen Einmarsch zu *Terroristen*, wie den Taliban heute.

▶ Geraten die inländischen Probleme ausser Kontrolle, wird ein Krieg angezettelt. Ein Vorwand ist rasch gefunden und ein *Auslöser* bzw. eine *unerträgliche Provokation* dem Wahlvolk plausibel verkauft. Nicht zu vergessen: Kriege, zumindest grosse und lang andauernde, wären ohne beliebig zu vermehrendes Papiergeld schlicht unmöglich. Ein Goldstandard ermöglichte nur begrenzte militärische Konflikte, und nur solange wie die eigenen Goldvorräte zur Finanzierung ausreichten. Beide *Weltkriege* beispielsweise basierten übrigens auf einer reinen Papiergeld-Finanzierung.

▶ Hilft selbst dieses nicht, kommt die Stimme *Gottes* ins Spiel. Vor jedem Krieg berief sich beispielsweise Bush in öffentlichen Gebeten auf die Stimme *Gottes*, der er folgen muss. Das Ziehen der religiösen Karte ist ein beliebtes Instrument von Politikern unter Druck. Die Gegenseite ruft meist ebenfalls *Gott* an, wenngleich unter einem etwas anderen Namen. Man kann dann immer gespannt sein, für welche Partei sich *Gott* denn nun entscheidet. Hatte vielleicht *Albert Einstein* unrecht mit seiner Bemerkung «*Gott würfelt nicht*»?

▶ Eine wirklich massive inflationäre Politik wird bis zur letztmöglichen Minute vermieden. Ansonsten würde das Volk beginnen, Papiergeld zurückzuweisen. Diese für Politiker bedrohliche Situation, genannt *Repudiation*, hatten wir 1923 wie auch von 1945 bis 1948 (Zigarettenwährung) in Deutschland. Die Bürger wenden sich dann dem Todfeind des Spielgeldes, dem Gold zu.

▶ Die mantragleichen Versicherungen der Politiker, dass der Aktienmarkt, der Bondmarkt, der Häusermarkt, die Investition in *sichere* Regierungsanleihen und das Halten von Bankkonten *auf Dauer das Sicherste und Beste darstellt*, und dass *später für all erlittene Unbill überreichlich kompensieren wird*, nehmen beschwörungsartige Formen an. Man wird in den USA *reich durch Konsum* und wohlhabend durch immer höhere Hypothekenschulden, *Schulden spielen keine Rolle, wir schulden sie uns ja selbst, Sparen ist unnötig* ist zu vernehmen. Die dummen Ausländer finanzieren uns schon, wie sie es immer taten, denn wir sind die Grössten und Stärksten mit einer Superwirtschaft und einem unvergleichlichen Finanzsystem und der unschlagbaren Weltwährung genannt Dollar, man beachte nur die eindrucksvollen Köpfe toter Präsidenten darauf. Und erst noch unsere unschlagbare Armee …

▶ Politiker müssen amtliche Statistiken massiv *türken* lassen, *daran herumdoktern zwecks Gesundung, kreativ auffrischen* und *schöpferisch nachgestalten* lassen, um die Illusionen des Scheinwohlstandes künstlich und täuschend aufrecht zu erhalten. Massive Lügerei zahlt sich aus, zumindest kurzfristig.

▶ Politiker geben stets vor, eisern zum Wohle des Volkes zu *sparen*, Systeme zu *heilen*, diese zu *erneuern* oder zu *balancieren*. Sie müssen *Steuersümpfe trockenlegen*, Steuerschlupflöcher *stopfen*, den *Verbündeten treu bleiben* und für die *Gesundung von Rentensystemen, Sozialversicherungen oder Krankenkassen* sorgen. *Die Renten sind sicher*!

▶ Bürokratien werden zum Wohle des Steuerzahlers zumindest verbal abgebaut. Leider melden sich hier die zuständigen Fachminister etwas kleinlaut zu Wort: *Zum Abbau der Bürokratie fehlen uns leider die notwendigen Beamte*!

▶ Das Volk muss stets den Eindruck haben, dass *die da oben etwas tun, etwas geschehen muss und auch geschieht*, also in Sachen Arbeitslosigkeit, Verarmung, Inflation, Terrorismus, persönliche Sicherheit von der Wiege bis zu Bahre, Schutz des Bürgers vor allem Leid und Elend des Weltalls, vor Alter, Krankheit, Not und Tod. Abschirmung vor Schicksalsschlägen, Ehekrach, Sodbrennen, zu teurem Bier, flackernden Fernsehgeräten, vor bösen türkischen, deutschen oder afrikanischen Nachbarn, vor Aids, Krebs und dem Krach mit dem Chef und *dass alle Schuldigen hart bestraft werden*. Kurzum, dass *die Gewählten das Allerbeste für uns tun*. Eigenverantwortung, Eigeninitiative, Zivilcourage und vor allem eigenes Denken stehen längst auf verlorenem Posten. Die Politiker reiben sich lachend die Hände. Dies ist genau was sie schon immer wollten: Die totale **Abhängigkeit** des unmündigen Bürgers von ihrem Diktat.

▶ Wollen etwa einige Bürger sich diesem Diktat und der Unterdrückung durch Flucht ins Ausland entziehen, wird flugs eine *Exit Tax*, also die Wegzugsbesteuerung erfunden, wie z. B. in USA, Kanada oder der EU. Die Unterbindung dieses *unpatriotischen und höchst unsozialen Verhaltens* bremst dann die Kapitalflucht und damit auch den Machtverlust der politischen Elite.

▶ Politiker erfinden in Kooperation mit der Hochfinanz *Blasen*, um die in massiver Weise künstlich geschaffenen Geldströme mehrheitlich in diese zu kanalisieren, um so die im täglichen Leben des Durchschnittsbürgers empfundene Teuerung nicht allzusehr schmerzen zu lassen. Gleichzeitig schafft dies für Investoren das Gefühl *der grossen Chance* und die tröstliche Gewissheit, schnell und leicht neuen Reichtum erwerben zu können. Nur die jeweilige *Blase des Tages* wird zeitweilig aufgepumpt. Platzt diese unvermeidlich, ist dies schnell vergessen, denn die nächste Blase beginnt sich bereits aufzublähen, und dort kann man ja rasch alle erlittenen Verluste wieder hereinholen. So kennen wir beispielsweise die Petrodollar-Blase, die Bond- und Dollarblasen, die allgemeine Aktienblase, gefolgt von den Hightech-, Immobilien- und Rohstoffblasen. Frühere Russland- und Asienblasen endeten übel. Brasilien, Argentinien und Mexiko waren bereits Zielobjekte der *Blasenmacher*. Bald soll nun die Blase im Handel mit Klimarechten folgen und unfreiwilligerweise auch die letzte **grosse Blase**: Die der Edelmetalle und ganz besonders die des Goldes.

▶ Zwischenzeitlich verkünden die Politiker mit erstaunlicher Überzeugungskraft, dass der «*Grosse Boom und der grösste Wohlstand aller Zeiten gerade um die Ecke wartet*», dass die Zukunft rosig und das Papiergeld das Beste ist, was die Schöpfung je hervorbrachte («*seht doch nur, wie der Dollar steigt*»). Und dass natürlich das zinslose Gold als barbarisches Relikt sich nur für Schwachsinnige als Anlage eignet («*seht doch nur wie der Goldpreis fällt*»). Ausserdem werden die totale Kontrolle des gläsernen Bürgers, seine permanente Überwachung sowie die leider notwendigen Steuererhöhungen *ausschliesslich durch Terroristen verursacht*. Die Verluste der letzten bürgerlichen Freiheiten sind ein *reines Werk des Terrorismus*. Wir Politiker müssen euch schliesslich schützen. Wir haben hochmoderne Druckerpressen, loyale Medien, die nur die reine Wahrheit zum Nutzen der Bürger verkünden und eine fast allmächtige und allwissende Steuerbehörde, die für das Wohl der Armen und Bedürftigen sorgt und völkische Schädlinge unnachsichtig zermalmt. *Gott* ist auf unserer Seite.

▶ Fiskal-Politiker werden bis zum letzten nur möglichen Augenblick versuchen, den *Goldpreis* so tief wie möglich zu halten. Das Krisenmetall darf keine Krise anzeigen. Diese Machenschaft entspricht dem Durchschneiden der Geberleitung eines mitten durch die Wüste fahrenden Landrovers. Die Leitung führt vom Tank zur Anzeige der Benzinuhr. Die Nadel zeigt auf *Voll*. Der Fahrer rollt beruhigt weiter, doch im Tank befinden sich nur noch wenige Tropfen. Gold wird den leeren Tank des Finanzsystems eines Tages mit einem Sprung der Krisennadel schlagartig anzeigen und die grossen, von den Politikern vorgegaukelten Illusionen nicht minder schlagartig zerstören.

▶ Mit *Erlaubnis* der hohen Politik verkaufen, ja verschleudern die Zentralbanker das in ihren Kellern gehaltene Gold, um einerseits den Preis zu drücken, und um andererseits den Mächtigen der Hochfinanz das heimliche Aufkaufen grosser Mengen des Sonnenmetalles zu ermöglichen. Ausserdem blüht der *Gold-carry-trade*: Den Günstlingen des Systems wird Zentralbank-Gold zu lächerlichen Zinssätzen ausgeliehen, die dieses am Markt preisdrückend absetzen, nur um die Erlöse ohne jede Arbeit in viel höher verzinslichen Anlagen zu parken. Das seiner Natur nach echte *Volkseigentum Gold* wird also wie Privateigentum behandelt, über welches Politiker und Zentralbanker völlig frei und unkontrolliert disponieren. Doch auch hier wird der Tag der Abrechnung und des Volkszornes anbrechen.

▶ Politiker und Regierungen versuchen der Bevölkerung stets den Eindruck zu vermitteln, dass sie und irgendein soziales Subsystem *in grosser Gefahr* schweben. Sie erzeugen bewusst Angst, und durch Angst regieren sie. Warnungen vor anstehenden Terroristenanschlägen werden fast täglich verkündet. Ängstliche Menschen aber rufen stets nach dem starken Arm des Schutzes und der Obrigkeit. Dies ist herrliche Musik in den Ohren der politischen Klasse. Mit einer hinreichend verängstigten Bevölkerung kann sie sich nahezu alle Träume der Macht verwirklichen. Geschickt werden Feindbilder geschaffen, teils real, aber überwiegend imaginär. Ihr williges Sprachrohr, die Medien, übertragen diese Mären in gekonnter Form weiter. Da werden *Gefahren* wie Rinderwahnsinn, Vogelgrippe, Ozonloch, Klimabedrohung, Gefahr durch rückläufige Eisbärpopulationen, Energiemangel, Nahrungsmittelknappheit, Heisslaufen der Ozeane wegen einem Temperaturanstieg um 1 °C im Jahrhundert, drohender Untergang Hollands und Floridas im beschwörenden Ton fortlaufend wiederholt. Verschiebungen der tektonischen Platten, Aussterben der gefleckten Drehohreulen und männlichen Geburtshelferkröten und Genschäden an Seekühen werden immer wieder mantragleich repetiert. Weiterhin zitieren die Meinungsbildner das *grosse Waldsterben*, obwohl die deutsche Waldfläche seit Ende des Krieges um rund 15 % expandierte, die *CO_2-Katastrophe*, obschon auch hier: Je mehr CO_2, umso feuchter und wärmer wird das Erdklima, genau was Pflanzen brauchen. Sie werden nicht müde auf drohende Meteoriteneinschläge, den baldigen Polsprung mit Verlagerung des magnetischen Erdpols, das Versiegen des Golfstroms mit nachfolgender Vereisung halber Kontinente und ganzer Länder hinzuweisen. Und natürlich darf der Dauerbrenner, nämlich die Warnungen vor den *endlosen Terrorismusgefahren* niemals fehlen. Statt den sog. *Terror* an seiner Wurzel zu packen, soweit er überhaupt real existiert, und verarmten, brutal unterdrückten Minderheiten und Volksgruppen ohne Hoffnung und Zukunft, ein menschenwürdiges Dasein zu schaffen, denn: Wer begeht schon Gewaltakte, der in Arbeit und Brot steht, ein Häuschen bewohnt und dessen Kinder an Universitäten studieren? So werden diese Ärmsten noch weiter geknebelt und aufgestachelt, was natürlich, genau wie gewollt und beabsichtigt, die Spannungen weiter erhöht.

▶ Regierungen versuchen durch *oberflächliche Unterhaltungsprogramme* aller Arten die Bevölkerung nach dem Motto *Brot und Spiele* abzulenken und am eigenständigen Denken zu hindern. Verteilung kleiner Wohlfahrtsgaben, Eisbär Knut, Fussball, Olympiade, endlose Wahlspektakel ohne jede praktische Bedeutung, tägliche Berichte über Gewaltverbrechen, Naturkatastrophen, Elend in fernen Ländern, Ess- und Paarungsgewohnheiten anderer Kulturen, Tierschutz in Südwest-Mesopotamien und Transsylvanien, Aufstände im Südost-Kongo, lokale Kleinkriege, Beschneidungszeremonien auf der Weihnachtsinsel, Eiweissmangel von Seeschlangen in bunter Mischung mit Bankenpleiten, Wetteranomalien sowie beschleunigten Trocknungsverfahren für frisch gekalkte Stallwände. *Absurditäten* aller Art, wie die mögliche Abstammung der Affen vom Menschen, beschäftigen die Hirne der Bürger Tag und Nacht. All dies und mehr gehört zum Standardprogramm der *erleuchteten Führer* und ihrer Politik. Die Bürger werden durch eine gewaltige Flut zusammenhang- und bedeutungsloser Informationen regelrecht erstickt. Damit sehen sie sich ausserstande, wichtige Zusammenhänge und Ereignisse überhaupt noch zu erkennen, geschweige denn darauf als Wähler und verantwortungsvolle Bürger zu reagieren. Sie geben ihre Freiheiten zugunsten von *Big Government* und *Sicherheit* schrittweise auf. Sie wollen oder können nicht mehr sehen, dass dies der *Sicherheit des Zuchthauses oder des Gulag* gleichkommt. Sie erkennen nicht, dass die Chance vom Blitz getroffen zu werden, oder in einem Waschbecken zu ertrinken mehrere hundert Male grösser ist, als einer Terroristenattacke zum Opfer zu fallen, die ohnehin von den Mächtigen in Eigenregie inszeniert wurde.

▶ Politiker geben sich streng wählertreu, versprechen und lügen, dass sich nicht nur Balken sondern sogar feuerfeste Edelstahlträger biegen, solange sie noch nicht gewählt wurden. Sie vergessen aber alle hinsichtlich einer politischen Haltung oder eines Programms abgegebenen *Treueschwüre* sowie die Interessen ihres Wahlkreises nach Amtsantritt ganz urplötzlich. Diese Art Gedächtnisschwund ist, abgesehen von wenigen Ausnahmen, systemisch und weit verbreitet. Was geht mich mein Geschwätz von gestern an, wenn ich nur generöse Diäten, einen Dienstwagen der Luxusklasse und eine dicke Pension mit Indexierung erhalte.

Glauben Sie, dass wir von der übergrossen Mehrzahl der Politiker, die die Ereignisse steuern, *wirkliche und dauerhafte Hilfe* durch vernünftige Massnahmen zugunsten der Bevölkerung zu erwarten haben? Bewusstes Schüren von Ängsten, Lügen und falsche Versprechungen, massive Egoismen, Verrat am Wähler, Auftürmen weiterer Schulden, Ausbau der allmächtigen Bürokratie, und des gewaltigen Staats- und Administrationsapparates, der mit immer neuen Vorschriften und Verwaltungslasten unternehmerische Tätigkeiten erstickt, werden wohl auch weiterhin mit uns sein. Sie dürften sich sogar verstärken, denn *die Krise* bietet willkommene Entschuldigungen en masse, um mit immer härterer Hand einzugreifen.

Die Erwartung, dass von dieser Seite her, wenngleich schon keine fördernde, so doch zumindest eine wohlwollende oder tolerierende Haltung dem Gold gegenüber eingenommen wird, verbleibt wohl im Reich der Fabel. Die massiven, systemtypischen Eigeninteressen der Politiker werden für eine weiterhin feindselige Haltung dem Gold gegenüber sorgen. Eine Goldwährung erlaubt keine Wählergeschenke auf Pump und zwingt Politikern wie Regierungen eine für sie *unerfreuliche und unerträgliche Disziplin* auf. Wer gut wirtschaftet und fleissig ist, würde durch Goldzuflüsse belohnt. Geringe Produktivität, Verschwendung und Misswirtschaft würde durch Goldabflüsse bestraft. Es ist wahr, dass es auch unter dem Goldstandard früherer Zeiten arme Menschen gab. Kein System ist frei davon. Doch die grössten Blütezeiten von Ländern und Weltreichen waren eng mit Gold als Währungsgrundlage verbunden. Inflation und Deflation waren weitgehend unbekannt, solange die Regierungen nicht begannen zu manipulieren oder auf Edelmetallraubzüge in anderen Ländern auszugehen, wie beispielsweise einst Spanien in Mittelamerika.

Nur **Eigenverantwortung und eigenes Denken**, frei vom Fäkalienstrom der Massenmedien, kann zu einem klaren Kopf und damit zur sinnvollen Vorbereitung und Krisenbewältigung führen. Gold wird, wie schon immer in der Vergangenheit, hierbei eine prominente Rolle spielen. Seien Sie gewiss: Alle politischen Hemmschuhe werden durch Gold eines Tages pulverisiert und der Altstoffverwertung zugeführt. Am Ende wird eine völlig neue *Spezies* entstehen: Vernünftige und dem Volk gegenüber verantwortliche Politiker. Die Zeiten werden dies erzwingen.

Eine löbliche Ausnahme

Zum Beschluss einige wörtliche Zitate des nicht unumstrittenen US Präsidenten *Ronald Reagan*, einer eher positiven der Selbstkritik fähigen Ausnahmefigur, der Gold gegenüber zumindest eine tolerante Haltung einnahm. Seine Aussprüche beleuchten die vorstehend beschriebene Thematik schlaglichtartig:

«Kein Arsenal und keine Waffen in der Welt sind stark genug, um es mit dem Willen und der Courage freier Männer und Frauen aufnehmen zu können».

«Wenn wir jemals vergessen, dass wir eine Nation unter Gott sind, dann werden wir zu einer Nation, die untergeht».

«Die Worte, die den grössten Schrecken, ja unsagbaren Terror im Bürger auslösen, sind: ‹Ich komme von der Regierung, und bin hier, um zu helfen›».

«Kaum etwas hier auf Erden kommt dem ewigen Leben so nahe wie ein einmal aufgelegtes Regierungs- oder Sozialprogramm und eine neue Steuer».

«Ein Steuerzahler ist jemand, der Tag und Nacht für die Regierung arbeitet, ohne dass er eine entsprechende Eignungsprüfung als Beamter ablegen müsste».

«Regierungen sind wie Babies und deren Verdauungstrakt. Mit einem unersättlichen Appetit am oberen Ende und ohne jeden Sinn für Verantwortung am unteren Ende».

«Es wird gesagt, dass Politik das zweitälteste Gewerbe der Welt darstellt. Ich habe aber gelernt, dass es verblüffende Ähnlichkeiten mit dem ältesten Gewerbe aufweist».

«Ich habe mich immer wieder gefragt, wie wohl die 10 Gebote ausgesehen hätten, wenn Moses versucht hätte, sie durch den amerikanischen Kongress zu bringen».

«Gängige Praxis der Regierung besteht in folgender Dreiheit: Wenn sich etwas in der Wirtschaft stark bewegt, besteuere es, bis zum Abwürgen. Wenn es sich nur noch schwach bewegt, reguliere es mit voller Kraft. Wenn aber endlich still steht, stütze es mit massiven Subventionen von Geldern der Steuerzahler.»

Dieser Politiker erkannte, dass zwischen *Freiheit und Gold* untrennbare verwandtschaftliche Verbindungen bestehen.

❝Der Glaube der mittelalterlichen Alchimisten,
aus Blei Gold machen zu können,
war eine Manifestation der nüchternen Vernunft
im Vergleich zu dem neuzeitlichen Wahn,
aus Papier Geld machen zu können.❞

Roland Baader – Freiheitsfunken

❝Sobald mehr als die Hälfte der Bevölkerung eines Landes
ihr Einkommen ganz oder teilweise vom Staat bezieht,
ist eine Umkehr auf dem Weg in die Knechtschaft
nicht mehr möglich.
Die Stallgefütterten wollen und können
auf ihren Futtermeister nicht mehr verzichten.
Ihr Schicksal ist dann vorgezeichnet:
Füttern, melken, schlachten.❞

Roland Baader – Freiheitsfunken

❝Es ist erstaunlich, mit welch hochtrabenden Worten
die Intellektuellen ungezählte Bücher,
Zeitungen und Zeitschriften mit Gedanken
über ökonomische Themen füllen können,
von denen sie nichts verstehen.❞

Roland Baader – Freiheitsfunken

FÜNFTES KAPITEL

Hoffnung und Trost
besiegen Ängste

«Der Mensch hat dreierlei Wege klug zu handeln
Erstens durch Nachdenken – das ist das Edelste
Zweitens durch Nachahmen – das ist das Leichteste
Drittens durch Erfahrung – das ist das Bitterste»

Konfuzius (551–479 v.Chr.)

Janus als Tröster

Janus, die römische doppelköpfige, respektive doppelgesichtige Gottheit, symbolisiert das Dualitätsprinzip der Schöpfung, ähnlich der Vorder- und Rückseite einer Münze. Alle Erscheinungen treten paarweise, also mit jeweiligem Gegenpol, Gegenteil oder Gegenstück auf. Arm statt reich, jung statt alt, wirtschaftliche Vernunft statt ökonomische Torheit usw. Eine absolut böse oder gute Tat, reine Schlechtigkeit oder Wohltätigkeit gibt es nicht. Stets lassen sich zumindest Spuren des Gegenpols finden. Selbst ein Krieg hat seine positiven Seiten: Bitteren Lerneffekte, Schaffen von Raum für nachfolgende Generationen, lange Aufbauphasen mit Vollbeschäftigung, Wecken schlummernder Erfindungsgaben und schöpferischer Talente. Dies stärkt die Widerstandskraft und den Zwang zu selbständigem Denken. Leid und Not sind ungleich bessere Lehrmeister als Zeiten des Überflusses und üppiger Prosperität, die stets zu Erschlaffung führt. Schon *Johann W. von Goethe* hielt fest: *«Nichts ist schwerer zu ertragen, als eine Reihe von guten Tagen»*.

Es fallen auch Krisen in diese von Janus beherrschte Welt

Sicherlich halten Krisen und schwere Zeiten, wie auch Umbrüche sozialer, politischer, wirtschaftlicher und finanzieller Art, stets eine bittere Lektion bereit. Doch ist nicht alles *kohlrabenschwarzer*

Pessimismus mit Weltuntergangsstimmung, wo triefnasse Scheuerlappen jedes noch so kleine Lichtlein augenblicklich ausschlagen. Ganz besonders dann nicht, wenn Sie sinnvoll und vernünftig, geistig und materiell vorbereitet sind. Hierzu gehören in jedem Falle Gold und Silber. Licht und Schatten sind ein typisches Janus-Paar und mit richtiger Vorsorge wendet uns *Janus* sein freundlich lächelndes Gesicht zu.

Doch worin bestehen denn nun die positiven Aspekte oder die *Vorteile* einer Krise? Was kann denn schon Gutes an einer schweren Zeit sein?

Hier einige *Aspekte*, die einerseits den möglichen Horror mildern und andererseits Stoff zum Nachdenken liefern:

- Wir *rauchen weniger*, gut für Volksgesundheit, Krankenkassen und persönliches Wohlbefinden;
- Wir *trinken weniger* und haben wieder Freude an einfachen, preiswerten Dingen, wie Waldspaziergängen, Holzhacken, Hühner rupfen, Hausschlachtungen, Unkraut jäten, Spielabenden im Kreise der Familie, Streichquartetten oder Spielen eines Instrumentes, konstruktives Plaudern mit bisher extrem *schwierigen* Nachbarn, Brunnen graben, Früchte einmachen oder Kinder entlausen bei gleichzeitigem Nachhilfeunterricht;
- Wir *essen weniger*, und weniger gehaltvoll, verbrennen aber Nahrung besser, Wohlstandsspeck verschwindet, Herzkrankheiten, Grippe und andere Überflusskrankeiten gehen stark zurück. Einfache Hausmittel und Heilpflanzen kommen wieder zu Ehren;
- Wir *sparen teuere Medikamente* und Krankenhausbehandlungen;
- Der Grad *körperlicher Betätigung* steigt, Hamstertouren auf dem Land eingeschlossen, Fahrrad wird zentrales Fortbewegungsmittel, Deutschland hat mit 86 Mio. Stück mehr Fahrräder als Einwohner;
- Wir *verbringen mehr Zeit* mit Familie, Kindern, Partnern, Hunden, Nachbarn, selbst Schwiegermüttern etc. sowie Hamstern;
- Sinnvolle *Arbeitsteilung*, Kooperation und Teamgeist in der Familie wachsen. Auch Kinder, Enkel und Urgrosseltern haben feste Aufgaben, Rollen und Pflichten. Jedes Mitglied einer Hausgemeinschaft muss seinen Teil notgedrungen beitragen;

- Diverse *Tauschartikel* wandeln sich in Esswaren. Heizmaterial, Treibstoff, Medikamente, Fahrradreifen, Ersatzteile;
- *Naturnähe* nimmt zu: Gartenarbeit, Holzdiebstahl – Verzeihung, natürlich Fallholzsammeln, Fischen, Ährenlesen, Jagen, Sammlen von Pilzen und Beeren, Melken, Butterstampfen, Brunnenpumpen, Wasser holen, Giessen, Kompostieren, Pflanzen, Ernten, Dreschen (mit umgekehrt stehendem Fahrrad) sowie die Vernichtung von Wespennestern, Ratten, Raubzeug und anderen Schädlingen;
- Wir gehen weniger *Risiken* ein, vor allem bei Investitionen materieller und menschlicher Art;
- Wir *lesen mehr*, bilden uns mehr;
- Wir *drücken wieder die Schulbank*, nehmen Kurse, erwerben einen akademischen Grad, evtl. per Fernstudium, denn *draussen* gibt es bei beispielsweise 40% Arbeitslosigkeit keine Einkommen, Gehälter, Geschäfte usw. zu verpassen;
- *Nichts läuft mehr*, ausser in handwerklichen Arbeiten und in der Landwirtschaft. Neues Motto: *Altentheiler liest mit Ruh in der Landeszeitung, friedlich grast die treue Kuh unter seiner Leitung*;
- Nützliche *Stromsperren* verhindern verblödendes Fernsehen und spätes Zubettgehen;
- Wir lernen unsere *Nachbarn*, insbesondere in Hochhäusern oder Mehrfamilienbauten kennen, Anonymität und getrenntes Leben wandeln sich in Zusammenhalt, Hilfsbereitschaft, gegenseitige Unterstützung und Austausch von Informationen, Materialien und Lebensnotwendigkeiten, einschliesslich Beistand in Notsituationen. Viel mehr erzwungene *Eigeninitiative*, immer weniger Verlass auf und Vertrauen in *Vater Staat* kommen auf;
- Der *Lebensrhythmus* verlangsamt sich. Druck, Termine und Hetze lassen nach. Wir reflektieren mehr und besser, gehen evtl. sogar zur Kirche und festigen die Bande mit der Gemeinde oder mit Gleichgesinnten. Einige haben jetzt *Zeit* für Meditation, Gebet und Philosophie. Not lehrt beten, manchmal auch sich zur Wehr setzen;
- In *guten Zeiten* sind, dank Wohlstandskriminalität, die Gefängnisse voll, die Kirchen leer. In schlechten oder Krisen-Zeiten ist es umgekehrt;

- Wir sind mehrheitlich *gesünder*, wegen der erzwungenen gesünderen und naturnahen Lebensweise bei weniger sitzende Arbeiten, und sind paradoxerweise auch zufriedener, z. B. über das Beschaffen oder Ergattern von 3 Hühnereiern, 5 kg Pilzen, einer Schubkarre voll Brennholz, eines Kaninchenfelles, 20 Litern Diesel, etwas Hühnerfutter oder eines Werkzeugs;
- Menschliche, moralische, ethische und sittliche *Werte* kommen auf dem Prüfstand. Abzocken, Unterstützung oder Unterhalt ohne Arbeit, Leben auf Pump oder auf Kosten Anderer, sind verpönt. Hohe Eigenleistung, Sparsamkeit (nicht Geiz), Bescheidenheit und effiziente Arbeit finden Bewunderung. Luxus wird verabscheut. Nichts wird weggeworfen, alles wird verarbeitet und genutzt. Die Umweltbelastung sinkt;
- *Pflege* von Musik, Literatur, Kultur in einfachster Weise erwacht. Malerei, einfache und preiswerte Hobbies, Laientheater, Tanzgruppen, Basteln von Spielzeug. Sie alle wachsen und gedeihen im Humus der neu gewonnen und jetzt stressfreien Stunden des Alltags. *Chronos*, der Gott der Zeit, wird zum Erlöser.

Nach all diesen fast schon verlockenden Aufzählungen, die alles andere als vollständig sind, könnten Sie auf den Geschmack kommen, ja die Krise schon beinahe herbeiwünschen und die schwierigen Zeiten fast sehnsüchtig erwarten. Dieses Gefühl verstärkt sich auf natürliche Weise, wenn Sie *Gold und Silber halten*. Derlei vorbereiteten Menschen und Familien schenkt *Janus* ein besonders breites und wohlwollendes, ja gönnerhaftes Lächeln.

Zyklus als Tröster

Krisen sind im weiteren Sinne keine Katastrophe, sondern *völlig natürliche Vorgänge* und lebensnotwendige Teile des Naturgeschehens. Man kann nicht immer nur einatmen, irgendwann muss ausgeatmet werden. Ewiger Frühling würde langweilig. Der einsetzende Winter ist schliesslich nichts katastrophales, zumindest nicht für die, welche rechtzeitig für Heizmaterial, Nahrungsmittel, Winterkleidung, Beleuchtung, Skiausrüstung, Schneeketten, Tierfutter, Spiele für lange Abende und natürlich die richtigen Partner und Frieden in der Familie gesorgt haben. Ausserdem ist der anschliessende mit Gewissheit kommende Frühling Trost und Sicherheit zugleich.

Auch der *menschlich-soziale Bereich* unterliegt zyklischem Geschehen. Dieses enthält durch seine festgeschriebenen Wechsel etwas Tröstliches und eine beruhigende Gewissheit.

Es scheint ein *achtphasiger Zyklus* zu sein, den die menschliche Gesellschaft über längere Zeitspannen hinweg immer wieder durchläuft. Einem Niedergang folgt der Aufschwung und umgekehrt. Es gibt also nichts zu fürchten. Der Nacht folgt zwangsläufig der Sonnenaufgang. Und die dunklen Zeiten können durchaus in einer verkürzten Version ablaufen. Die Morgendämmerung bricht, wie Ende Juni, schon nach einer kurzen Nacht an. Die langen dunklen Nächte von Ende Dezember dagegen kann die menschliche Gesellschaft durch selbständiges Denken und daraus resultierendes kluges Verhalten durchaus vermeiden.

Werfen wir also einen Blick auf die immer wiederkehrenden Ablaufmechanismen. Die wenigen Zeilen eines antiken unbekannten Autors:

«From bondage comes spiritual faith
From spiritual faith comes courage
From courage comes liberty
From liberty comes abundance
From abundance comes complacency
From complacency comes apathy
From apathy comes dependency
From dependency comes bondage»
lassen sich wie folgt auf unsere Zeit übertragen:

Phase 1   *Aus Knechtschaft, Unterdrückung, Verzweiflung, bitterer Armut und Diktatur, wo Gold kaum eine Rolle spielt oder sein Besitz verboten ist* kommt
→ spiritueller Glaube.

Phase 2   *Aus spirituellem Glauben* kommen
→ Zivilcourage, Kraft zum Widerstand, Erfindungsgabe, Erstarkung der Familienbande, Selbsthilfe, allererstes Anlegen kleiner Gold- und Silbervorräte sowie menschliche Würde.

Phase 3   *Daraus* erwächst
→ Befreiung und Freiheit.

Phase 4   *Aus Befreiung und Freiheit* entstehen
→ Wohlstand und Überfluss, getragen durch ein gesundes, leistungsstarkes Produktions- und Finanzsystem, begleitet von einem hohen Stand von Sitte und Moral, weitgehende Harmonie zwischen Gruppen der Gesellschaft, Aufbaumentalität, einem wachsenden Mass der Eigeninitiative, Selbsthilfe und Volksgesundheit sowie Beschränkung des Staates auf innere und äussere Sicherheit, begleitet von einer stabilen und gesunden Währung mit wenigstens partieller Golddeckung.

Phase 5   *Daraus aber* entspringen
→ nachlassende Wachsamkeit, wachsende Egoismen, *Fünfe gerade sein lassen* (schweizerisch: «Lo di lo go»), falschverstandener Liberalismus, verbunden mit Laschheit, Abschlaffen der Arbeitsmoral und fehlenden Anreizen zur Eigenleistung, ruinöse Gewerkschaftskampagnen, Verzerrungen im Produktions- und Währungssystem, Manipulation der Edelmetallpreise durch die Mächtigen der Zeit, Unterdrückung bahnbrechender Erfindungen und Patente durch monopolistische Kräfte, Umverteilungs- und Kasinomentalität, Wohlfahrt auf Pump, Geldgier und umfassende Geldherrschaft, rascher Verfall und Entartung des Geld- und Währungssystems mit starken Fluchtreflexen in Richtung Edelmetalle – zumeist im Untergrund. Degeneratives Wohlleben, überzogener Egoismus, Erstickung der Eigeninitiative, einsetzende Vollkaskomentalität, überbordende Genusssucht und andere Süchte (Drogen, Nikotin, Alkohol), Wohlstandskriminalität, das Auftürmen gigantischer Schuldenberge durch Staat und Bürger sowie die Auflösung der Familienbande greifen tendenziell um sich. Auffallend auch: Unwilligkeit zur Partnerbindung, hedonistische Ein-Person-Haushalte, extreme Scheidungsraten, fallende Geburtenraten, da die Kosten für Kinder zu viele persönliche Opfer fordern, und Propagierung diverser Perversionen als anstrebbaren Lebensstil.

Phase 6   *Daraus erwachsen*
→ völlige Gleichgültigkeit, Lähmung und zunehmende Unmenschlichkeit des gesamten Systems, aufrechterhalten durch Täuschung, Lüge, Scheinideologien, flache Unterhaltungsprogramme der Medien und grotesker Verzerrung der Wahrheit, begleitet von

Nicht-Mehr-Unterscheidenkönnen zwischen Gut und Übel bzw. Falsch und Richtig in Politik, Finanzwesen und Wirtschaft, sowie extreme Ungleichgewichte im Bereich der Einkommen und Vermögen, flankiert von absurden Steuerbelastungen, Neid und Missgunst, hoher Kriminalität und Einmischung des Staates und seiner immer mächtigeren Bürokratien in sämtliche Lebensbereiche, sowie von scharfer Beschneidung der Meinungsfreiheit. Erste Kriege werden angezettelt, teils aus räuberischen Motiven mit Öl, Rohstoffen und Wasser im Visier, teils, um die eigene Bevölkerung durch die künstlich geschaffene andauernde *Gefahr* als gute *Patrioten* in Schach zu halten und teils, um revolutionäre Bewegungen im Keim zu ersticken. Der Philosoph *Arthur Schopenhauer* hält fest: «*Die Ursache allen Krieges aber ist Diebesgelüst*». Goldbesitz ist verpönt und wird durch die Medien systematisch verunglimpft.

Phase 7 *Dies alles erzeugt*

→ steil zunehmende Abhängigkeiten vom Staat, Bürokratie und Wohlfahrtssystem, Verarmung und Absinken der systemtragenden Mittelklasse, reine Brot- und Spiele-Mentalität, Abzockerei, schnelles Reichwerdenwollen ohne Eigenleistung, Sucht nach billiger Unterhaltung und Ablenkung, immer neue Steuern und Abgabenlasten, Polizei-, Kontroll- und totaler Überwachungsstaat blühen, weitgehend in den Untergrund abgedrängte, massive Flucht in die Edelmetalle, deren Besitz wird oftmals bestraft, wachsende Aggression, gesteigerte Kriegsbereitschaft und -gefahr sowie Erfindung der Begriffe *Terroristen, Volksfeinde, antirevolutionärer Elemente, Volksschädlinge, Wühler, Spekulanten, Horter, Steuerflüchtlinge, Hassprediger, Rassisten, Antifeministen, Krisengewinnler* und *Hetzer* usw. Motto der Machthaber: Wer im Inneren, also in der Innenpolitik, keine Erfolge mehr vorzuweisen hat, muss diese im Aussenbereich, also in der Aussenpolitik, durch Aggressionen suchen und finden.

Phase 8 *Dies alles bewirkt* schliesslich

→ das Ende der letzten Spuren von Meinungsfreiheit, neue Knechtschaften, Unterdrückung, Dauerkriege, Diktatur mit Eliminierung Andersdenkender bzw. systematische Ausschaltung von Abweichlern und Systemkritikern, Medienberieselung mit Viertelwahrheiten, Sinnverdrehungen, Dauer-Trommelfeuer der zentral gelenkten Propaganda, Massenverelendung und Trostlosigkeit inmitten von Spitzelheeren, allgegenwärtigen Kontrollorganen und grosser materieller und geistiger Not. Strenge Verbote von Waffen und Gold im Eigenbesitz werden aufgestellt. Eine wehrlose, gläserne und besitzlose Bürgerschaft entsteht.

Somit kann der Zyklus mit Phase **1** von neuem beginnen. Gegenwärtig durchlaufen wir das *Ende* der Phase **6**.

Die Übergänge zu Phasen **7** und **8** stehen uns noch ins Haus, können jedoch sowohl von relativ friedlichen Vorgängen und Wechseln als auch von gewalttätiger Revolutionen und brutal erzwungenen Umstürzen begleitet sein. Die Geschichte kennt beide Varianten.

Phase **8** wird also der menschlichen Natur zufolge wieder von Phase **1** abgelöst. Damit aber ist die Zukunft keineswegs nur schwarz. Dem Abstieg ins Tal der Tränen folgen zwangsläufig wieder erste Sonnentage, die sich langsam aber sicher zu langen Schönwetterperioden und schliesslich zu grandiosen Aufstiegen in lichte Höhen entwickeln. *Gold und Silber* spielen hier eine wichtige Rolle als stumme und extrem zuverlässige *Helfer*.

Und lassen Sie sich von Medienkampagnen oder negativen und unwissenden Menschen aus Ihrer Umgebung nicht beirren: *Akkumulieren* Sie weiter Gold und Silber, soweit es die Marktlage und Ihre Liquiditätssituation nur irgend erlauben. Vergessen Sie nicht: Gold ist keine Aktie, mit der man schnell reich werden will. Es ist seinem Charakter nach eine *Versicherung*, die Ihnen Vermögen und Lebensstandard in kritischen Zeiten, wenn sich Papierwerte weltweit auflösen, erhalten soll und wird. Wenn man Sie vom Edelmetallsparen abhalten will, leisten Sie ruhig, aber bestimmt Widerstand, denn: Wenn der Klügere immer nur nachgibt, geschieht nur das, was die Dümmeren immer wollen!

Doch besser noch: Es ist nicht einmal gesagt, dass Phase **8** unbedingt zu durchlaufen wäre, ja nicht einmal Phase **7**. Eine gebildete, verantwortungsvolle und einsichtige Menschheit unter Führern mit auch nur etwas Weisheit, könnte diesen Zyklus in seinem Ablauf durchbrechen und von Phase **6** direkt nach Phase **2** springen. *Jeder von uns kann hierzu durch kluges und sozial-konstruktives Verhalten und Handeln beitragen.*

Demokratie in Gefahr?

Besteht Gefahr für demokratische Systeme? Ja, es scheint so. Schon nach den Ereignissen des 11. September 2001 war ein regelrechter Ruck in den Bestrebungen der Wegnahme bürgerlicher Freiheiten zu beobachten. Dieser Trend läuft ungebrochen weiter. Auf den Bürger abzielende staatliche Kontrollmechanismen wachsen nach Art und Umfang.

Einige Monate nach dem offenen Ausbruch der Finanzkrise und viele *Rettungspakete* später, wird deutlich, dass die beschlossenen Massnahmen und die Billionen der Steuerzahler auch nicht andeutungsweise ausreichen, das System der nur mit Schulden gedeckten Papiergeldherrschaft lebendig aus dem Sterbezimmer fahren zu können. Die Steuerbürger, zunächst einmal in Amerika, sind mit den auf sie zukommenden Belastungen völlig überfordert. Ihre europäischen Leidensgenossen werden, mit den üblichen Verzögerungseffekten, künftig ebenfalls bis an die Grenze der Existenz bluten müssen. Ungezügeltes wildes Gelddrucken, flankiert von der Kreditschöpfung des fraktalen Bankensystems ist so ziemlich das Einzige, was den Machthabern zur Krisenbewältigung – ausser einem ordentlichen Krieg oder einer Währungsreform, sprich: *Offener Staatsbankrott* – einfällt. So erhöhen sich die Geldmengen mit stark inflationären Effekten. Finanz-Blasen bilden sich, mit Sicherheit diesmal auch im Edelmetallsektor. Derlei Entwicklungen arbeiten in die Hände machtsüchtiger Politiker und Bürokraten. Sie werden schrittweise die verbliebenen bürgerlichen Rechte und Freiheiten unter dem Vorwand beschneiden, dass *härtere Zeiten und schwierigere Umstände* sowie die *Bedrohung durch Terrorismus* dies unausweichlich erforderlich machen.

Mit steigender Geldmenge weist der allgemeine Preistrend in der Wirtschaft nach oben, denn die anschwellenden Geldströme suchen einen Auslass und Parkplatz, während die Realwirtschaft schrumpft. Gibt es zu viele Kartoffeln, fallen deren Preise. Gibt es zu viel Geld, fallen dessen Kaufkraft und dessen Zins. Den wachsenden Geldmengen steht nur eine bestenfalls stagnierende, in der Rezession jedoch sogar schrumpfende Gütermenge gegenüber. Blasenbildung in diesem oder jenem Sektor oder der einen oder anderen Branche, wären die natürliche Folge, denn irgendwo müssen die Geldströme ja bleiben und schaffen Nährstoff für neue Krisen.

Ist die Krise vorbei? Sie hat bislang erst ansatzweise begonnen, was durch künftigen Verfall von Kaufkraft und zunehmender Verarmung mit begleitender Radikalisierung die Gefahr für die Demokratie und die Einführung diktatorischer Massnahmen von Monat zu Monat verschärft. Krisensituationen sind willkommene Ausreden für die Einführung diktatorischer Massnahmen durch Machtpolitiker.

Nach der Bankenkrise kommt die Kreditkartenkrise, gefolgt von der Derivatenkrise mit einem besonders unangenehmen Nachfolger: Der eigentlichen Wirtschaftskrise. Diese kann zu einer *schweren Dauerrezession* mutieren oder sogar in eine tiefschwarze Depression abgleiten. Die Geschichte kennt beide Varianten. Und nach den Bankenpleiten kommen dann die Staatsbankrotte. Die Wohlfahrtsstaaten werden sich strecken. Es wird wieder gearbeitet werden müssen. Hart und lang und mit bescheidener Löhnung. Die Wohlfahrtsämter, soweit sie nicht geschlossen sind, werden nur noch für das nackte Überleben der absolut Hilflosen sorgen können. Wer sich noch bewegen kann und im Vollbesitz seiner geistigen Kräfte ist, wird durch Umstände oder Behörden gezwungen, ein Beschäftigungsverhältnis, gleich welcher Art, anzunehmen. Ein Leben auf Kosten von Wohlfahrtskassen, sprich vom Steuergeld der Mitbürger, geht zu Ende. Die Kassen sind leer.

Die Politiker wirken hilflos und naiv, indem sie höhere Steuern durchzusetzen versuchen. Doch hier bleibt wegen der allgemeinen Verarmung und den steigenden Lebenshaltungskosten das Potential extrem begrenzt. Der nackte Mann hat keine Taschen und wenn ihm doch noch eine verbleiben sollte, ist diese leer.

Das ganz grosse Patentrezept besteht dagegen in der unbegrenzten Anwendung der Druckerpresse. Hier wird vom ohnehin schon auf hohen Touren laufenden 6. Gang auf den extra-hochübersetzten Schnellgang geschaltet. Und dies bedeutet Inflation, die sich mit einer Verzögerung von etwa 6-8 Monaten bis zu den Regalen der Supermärkte und den Notwendigkeiten des täglichen Lebens durchfressen wird. Gleichzeitig dürften die Negativrenditen, also Ihre Zinserträge minus Steuern und Inflation, eher grösser statt kleiner werden. Konten, Spargelder oder Bargeldhortung sind garantierte Verlustbringer, vielleicht nicht nominal, doch auf jeden Fall, was die Kaufkraft anbelangt.

Ein *Goldstandard im Währungssystem* würde grosse und ausgedehnte Kriegshandlungen und damit das Ende der Demokratie nebst ihren Freiheiten verunmöglichen. Geht das eigene Gold zu Ende, müssen die Kampfhandlungen notgedrungen eingestellt werden. Nur mit unbegrenzt zu schöpfendem Papiergeld lassen sich Kriege wunderbar finanzieren. Landsknechte, Söldnertruppen, (Fremden-)Legionäre und Soldaten kämpfen auf Dauer nur gegen *Sold* und angemessene Löhnung. Auch moderne Truppen müssen bezahlt und ihre Hightech-Ausrüstungen finanziert werden. Dies ist nur durch neue Kreditschöpfungen, sprich: immer mehr Schulden, möglich. Hierin liegt eine der grossen Hoffnungen für die Rückkehr von *König Gold* begründet.

Verzerrungen

Vielleicht können wir stolz darauf sein, bei der grössten Finanzkrise aller Zeiten und bei den grössten Markteingriffen und Manipulationen aller Zeiten dabeisein zu dürfen. Die Bankenkrise hat sich mittlerweile zu einer Staatenkrise gewandelt. Ein Staat nach dem anderen muss durch die Fed, die Weltbank oder den IWF mit aus dem Nichts geschaffenen zwei- oder gar dreistelligen Milliardenbeträgen gestützt werden. Abgesehen von Ländern des ehemaligen Ostblocks, Island und Pakistan musste sogar das *sichere* Kern-EU-Land Dänemark um eine 10 Mrd. € schwere Stützung nachsuchen.

Beim XAU und HUI, also den beiden Goldaktien-Indices, bestaunen wir panikartige Sell-Offs, die den fundamentalen Daten komplett widersprechen. *Volkswagen* wird über Nacht zum höchst kapitalisierten Unternehmen der Welt. Der Börsen-Marktwert lag weit über dem Volumen des deutschen Staatshaushaltes. Der folgende Kurssturz löschte dann wieder einige hundert Milliarden an Börsenkapitalisierung aus. Nun wurde die entsprechende Börsenindex-Komponente per Verordnung willkürlich auf 10% festgelegt. Nur in einem fiktiven Land namens *Absurdistan* wären derartige Ereignisse den Beobachtern voll verständlich.

Würde von den staatlichen Garantiesummen für beispielsweise die österreichischen Banken in Höhe von 100 Mrd. € und für die deutschen Banken im Volumen von 500 Mrd. € auch nur die Hälfte gezogen, also wirklich gebraucht, wären beide Staaten bankrott. Derlei Summen sind von der Realwirtschaft oder von Steuereinnahmen nicht mehr aufzubringen. Dies macht eine überraschend durchgeführte Währungsreform mit massiver Kaufkraftvernichtung als Ausweg aus dieser Zwangslage zu einer ernst zu nehmenden Option. Ob wohl Gold in diesem Falle der Extreme und Notlösungen auch in eine Depression verfallen würde?

Auch steigt der Dollar im Aussenwert, trotz sich rapide verschlechternder Fundamentaldaten und Zinssenkungen, was der Exportbilanz der USA schadet, jedoch die Exportindustrien der Asiaten und Europäer stützt. Die in diesem Bereich seit Jahren herrschenden Ungleichgewichte bauen sich also nicht ab sondern wachsen weiter. Dies aber schafft krisenhafte Situationen, die den Goldpreis tendenziell stützen.

Doch stehen die Aussichten für die Minen, insbesondere für solche aus dem Edelmetallbereich, zumindest langfristig gut. Neben den Energiekosten verringern sich in dieser Branche derzeit auch die Lohnkosten, vor allem wegen des stärkeren Dollars. Der Rand z. B. fiel gegen den Dollar, was die Löhne im Verhältnis zum exportierten Produktpreis des südafrikanischen Goldes drückt, und auch wegen der steigenden Arbeitslosigkeit in Südafrika.

Auf Dauer aber kann kein Markt entgegen seinen Fundamentaldaten manipulativ unten, wie im Falle Gold, oder künstlich oben, wie im Falle des Dollars, gehalten werden. Edelmetallmärkte nebst der dazugehörigen Aktienwelt haben teilweise absurde Unterbewertungen erreicht, während der Dollar *markttechnisch völlig ungerechtfertigte Kurshöhen* erklomm. Derartige Verzerrungen der Märkte werden nicht von Dauer sein.

Die zusammenbruchartige Mega-Korrektur hat derzeit alle Anlageklassen erfasst, mit bisheriger Ausnahme der Staatsanleihen, doch Unternehmensanleihen brechen bereits ein. Alles verliert: Standardaktien, Rohstoffaktien, Immobilienvaloren, Ölwerte, Industriemetallaktien, Agraraktien, Rohstoffe, ausser Gold, dessen physischer Marktwert bzw. dessen reale Kaufkraft trotz aller Anstrengungen der Hochfinanz einfach nicht abstürzen will. Es werden bereits erhebliche Agios bzw. Aufgelder auf physische Lieferungen erhoben und auch bezahlt. Die Preise für Papiergold und -silber auf der einen Seite, und physischem Material auf der anderen, klaffen immer weiter auseinander. Wie man sieht, beginnen sich die Marktkräfte auch hier schon wieder Bahn zu brechen. Wirtschaftliche Vernunft und die Gesetze des Marktes sind glücklicherweise nicht per behördliche Verordnungen ausser Kraft zu setzen. Ob die künstlich geschaffenen Preise für Papiergold gar eines Tages irrelevant werden?

Ansonsten hat bis zum Herbst 2008 jeder *Rohstoff* mehr als die Hälfte von seinem Höchststand nach unten korrigiert. Alle laufenden Korrekturbewegungen streben unter extremer Volatilität auf ein gewaltiges *Grand Finale* zu. Ein einschneidendes Ereignis globalen Ausmasses steht bevor, um die aus dem Ruder laufenden Märkte wie auch finanziellen und wirtschaftlichen Probleme dauerhaft wieder unter Kontrolle zu bringen. Mit kleinen Zinsschnitten – wobei der Null-Leitzinszins schon fast erreicht ist – grossen Konferenzen, Gründungen immer neuer Regierungsausschüsse und Krisenstäbe wie auch weiterer Finanzspritzen ist es nicht mehr getan. Diese gewähren dem Papiergeldsystem kurze Verschnaufpausen und verschieben strukturelle Probleme in die Zukunft, lösen sie aber nicht. Wann wird es soweit sein?

Dow gegen Gold

Und wie steht es mit Aktien? Sind Sie besorgt, dass Sie in diesem Markt etwas verpassen könnten? Oder haben Sie – vor allem im Vergleich zu Gold – hier schon die grossen Chancen verpasst?

Der offensichtliche Trend dürfte sich in den Zeiten der bislang noch gar nicht offen ausgebrochenen Krise in der Realwirtschaft zweifellos fortsetzen. Wie die Geschichte zeigt, fallen Börsenkurse in Rezessionen und Depressionen. Sie ziehen erst wieder kräftig an, sobald sich ein Ende dieser Talfahrten abzeichnet. Vorerst jedoch scheinen wir erst am Anfang einer wirtschaftlichen Baisse zu stehen. Vorläufig also erscheint ein Einstieg in die Aktienmärkte als ein äusserst riskantes Unterfangen, wobei die Branchen Energie, Wasser, Nahrungsmittel und Edelmetalle die relativ besten Aussichten haben dürften.

Und haben Sie bisher etwas verpasst? Müssen Sie sich verzweifelt die Haare wegen versäumter Chancen raufen? Betrachten wir den führenden Aktienindex der Welt, den *Dow Jones Industrial*, mit seinen 30 Werten, allesamt im Status von Flaggschiffen ihrer Branche.

Wenn Sie im Jahre 2000 einstiegen und am 10. Oktober 2008 verkauften, erlitten Sie einen Verlust von nominal 23%.

Rechnen Sie grob mit einer echten Inflationsrate von 5% (sehr konservativ), dann verlor Ihr Index-Aktienpaket an Kaufkraft weitere 40%. Zinseszinsüberlegungen, Dollarverzerrungen und Dividenden bleiben für diese Grobrechnung ausser Acht. Als Schweizer büssten Sie wegen der Dollarkursverluste noch mehr ein. Mit einer verlorenen Kaufkraft von mindestens 60% können Sie sich sehen lassen. Nicht schlecht für jemanden, der zuviel Geld hatte und es unbedingt loswerden wollte.

Doch wie sieht die *Grobrechnung* aus, wenn Sie alternativ zum Dow in Gold eingestiegen wären? Der Investitionserfolg zeigt sich, wenn Gold und nicht der Dollar die Bemessungsgrundlage gewesen wäre.

Im Jahre 2000 brauchten Sie etwa 40 Unzen Gold, um den Dow Jones Index zu kaufen. Heute müssen Sie für denselben Kauf nur noch ungefähr 12 Unzen einsetzen. Natürlich ändern sich diese Zahlen täglich, doch Trend und Grundaussage sollten klar sein. Im Vergleich zum Gold hat der *Dow Jones* rund 76% an Wert (Kaufkraft) verloren. Was wäre also besser gewesen, eine Investition in den Weltleit-Aktienindex oder eine in Gold zu tätigen?

Wie sieht hier die Zukunft aus? Wie der statistische Trend andeutet: Wahrscheinlich traurig für Käufer des Dow, doch hochwahrscheinlich sehr gut für Goldeigner. Der Dow und der Unzenpreis werden sich in den kommenden Jahren mit an Sicherheit grenzender Wahrscheinlichkeit treffen. Vermutlich im Bereich von 4000 bis 5000. Die beiden Indexzähler, nämlich Indexpunkte einerseits und US$ pro Unze andererseits, haben dann nominalen Gleichstand erreicht.

Sollte der Dow, wider Erwarten aufgrund der dem System frisch zugeführten gewaltigen Ströme neuen Papiergeldes, dennoch steigen, dann würde auch Gold dem Trend der Aufblähung des Finanzsystems folgen. Im Übrigen hatten wir schon einmal ein Verhältnis von 1:1, nämlich Anfang der 1980er Jahre. Abgesehen davon befinden uns jetzt in finanzpolitischem *Neuland*, navigieren erstmals in unbekannten Gewässern, in denen altbewährte Regeln nicht mehr unbeschränkt gelten. Wahrscheinlich bleibt dennoch, dass eine Investition in Gold einer solchen in Aktien – mit Ausnahme der Edelmetallvaloren – für die kommenden Jahre überlegen sein wird. Dies umso mehr, als die massiven Drückungen der Gold- und Silberpreise irgendwann wegen Munitionsmangel der Zentralbanken und ihrer Helfer zu Ende gehen.

Zehn persönliche Kernfragen

Zum Schluss zehn Kern-Fragen, die Sie sich selbst beantworten können, und aus denen Sie die richtigen Schlussfolgerungen ziehen sollten:

1. Das Urbedürfnis nach Sicherheit, Zuverlässigkeit in Beziehungen menschlicher oder materieller Art sowie Geborgenheit ist dem Menschen angeboren. Keine noch so extreme Propagandawalze vermag dies zu ändern. Die Kaufkraft von Papiergeld fällt und fällt: Der Dollar um 95% seit 1913, der Euro 56% seit seiner Einführung im Jahre 2002. Die Kaufkraft von Gold dagegen steigt tendenziell. *Wo fühlen Sie sich sicherer?* In einem erst seit wenigen Jahrzehnten installierten Papiergeldsystem, gedeckt durch lauwarme Frühlingslüfte, dem Rauch von Suppenküchen, Schönwetterdunst und Versprechen von Politikern? Oder aber in einem Geldsystem mit voller oder wenigstens partieller Golddeckung, seit Jahrtausenden erprobt und bewährt?

2. Menschen werden zunehmend erkennen: Aktien, Zertifikate, Derivate, strukturierte Wertpapierbündel und schlimmere Ausgeburten der kranken Papiergeldsphäre, sind Objekte der Spekulation und Illusion. Kurzfristige Preisänderungen und Manipulationen aller Art entscheiden hier über Erfolg und Misserfolg des Investors. Gold aber hat keinen Spekulations- sondern *Versicherungscharakter*. Diese Versicherungspolice wird im Krisenfalle aus dem – hoffentlich wohlgefüllten – Versteck hervorgezogen. Gold im Eigenbesitz ist immer da, kennt keinen Termindruck, geht nicht pleite, antwortet den Telefonanruf der Versicherten immer, schwankt zwar im Preis, kennt dafür keine Nichterfüllungsklauseln im Kleingedruckten und versagt im Schadensfalle niemals. Seine Kaufkraft geht nie und nimmer auf Null. So war es in den letzten Jahrtausenden und so wird es immer sein. *Vertrauen Sie nun dieser uralten und in Wahrheit einfachen Lösung oder wollen Sie im Schlachthaus der Papierwährungen aktiv bleiben?*

3. Die Geschichte des Papiergeldsektors ist eine einzige *Kette* von gebrochenen Versprechungen. Investoren mögen einen beschränkten Ausblick, begrenzte Übersicht über die Märkte und den breiten Fächer der Anlageinstrumente haben. Doch sei ihr geistiger Horizont noch so eng, sie sind zumindest auf Dauer niemals so töricht zu übersehen, dass Gold und Silber absolut frei von den Versprechungen Dritter sind, oder von deren Bonität abhängen. Frei nach *Abraham Lincoln*: Politiker und Zentralbanker können einige Leute für immer täuschen oder alle Menschen für eine begrenzte Zeit täuschen, aber niemals alle Leute für alle Zeiten unentdeckt hinters Licht führen, belügen und betrügen. *Wem vertrauen Sie mehr*, dem Kartell gewiefter Banker und Politclowns oder dem ehrlichen Gold?

4. Das *Gerechtigkeitsempfinden* der Menschen ist unausrottbar. Papiergeldsysteme sind ihrer Natur nach ungerecht. Wenn beispielsweise die Mitarbeiter von nur 4 Grossbanken einen Jahresbonus von fast 40 Mrd. $ erhalten und ein einzelner Hedgefondmanager einen solchen von 2,6 Mrd. $ für nur 12 Monate *Tätigkeit* bezieht, wenn Massen von überbezahlten Super-Bürokraten des Brüsseler Monsters lebenslang steuerfrei bleiben und sogar ihre fetten Pensionen in der Schweiz absolut steuerfrei verleben dürfen – *entsprechende Verträge zwischen Brüssel und Bern sind leider in Kraft* – dann bleibt die soziale Gerechtigkeit auf der Strecke. Wenn fleissiges Sparen systemimmanent mit Negativrenditen belohnt wird, bleibt die Anzahl der gehaltenen Unzen in Ihrem Besitz immer gleich. Dies mag nicht sehr aufregend sein, ist aber seinem Wesen nach grundehrlich, offen und gerecht. Was Sie erarbeitet und versteuert haben und in Form von Gold ansparten, bleibt Ihnen auch. Wenn zudem marode, bankrotte und geldvernichtende Systeme durch die Herrschenden zu Lasten der Steuerzahler – also auf Ihre Kosten – künstlich zugunsten von befreundeten Bankern und systemtreuen Finanzdienstleistern gestützt werden, ist dies zutiefst *unehrlich und sozial ungerecht*. Wie reagiert Ihr Gerechtigkeitsempfinden?

5. Glauben Sie an ein *Ende des Preisanstieges der Edelmetalle*? Im historischen Kontext sind diese Preise derzeit noch immer spottbillig, denn im Laufe der geschichtlichen Zyklen wurde das alte Hoch der letzten Bullenphase immer wieder erreicht und in der nächsten Krise dann traditionell um das zwanzig- oder dreissigfache überschritten. Doch selbst wenn *nur* das letzte Kurshoch vom Januar 1980 mit 852 US$ pro Unze wieder erreicht würde, wäre Gold dennoch eine gute Anlage. Nominal wurde dieses alte Hoch im Sommer 2008 mit einem Unzenpreis von 1030 US $ bereits überschritten, doch ist dies in diesen inflationären Zeiten bedeutungslos. Den Massstab setzt nicht irgendeine Zahl, sondern die **Kaufkraft**. Inflationsbereinigt müsste der Preis je Unze aber auf 2500 US $ steigen, um mit einem Krügerrand denselben Warenkorb wie 1980 kaufen zu können. Davon sind wir noch weit entfernt. Im Laufe der Geschichte hat Gold seine Kaufkraft gegenüber den Papierwährungen bis heute immer zumindest erhalten. Oft liefen die Metallpreise sogar der Inflation davon. *Glauben Sie*, dass dies auch diesmal wieder der Fall sein wird und lediglich *Geduld* vonnöten ist, um die Früchte einer Goldanlage zu ernten?

6. Glauben Sie weiter, dass der Ölpreis, die OPEC, die Gewerkschaften mit ihren unverschämten Forderungen oder der ach so böse Terrorismus schuld an der *Teuerung* sind? Gehören auch Sie zu den Wissenden, die den Umstand kennen, dass nur das endlose und masslose Gelddrucken der Regierungen bzw. der kleinen hochprivaten Fed und ihrer Schwesterorganisationen im Ausland, sowie die ungehemmte Kreditschöpfung der Zentral- und Geschäftsbanken die einzigen wahren Ursachen der Inflation darstellt? Und dass die ständig wechselnden Warenkorb-Definitionen lediglich der gekonnten Verschleierung des ungeheuren Ausmasses dieser Geldschöpfung aus dem Nichts dient? Modernes Geld ist nichts anderes als halbwegs bunt bedruckte Papierchen oder noch schlimmer, Nullen und Einsen in den Festplatten der grossen und kleinen Finanzinstitute. Nehmen Sie die alte Weisheit wörtlich: *Der Schein trügt*, oder eben: *Der Geldschein lügt*. Vertrauen Sie im Ernstfalle löschbaren Digitaleinheiten oder solidem, greifbaren und schimmernden Gold in ihrem Besitz, wenn die Teuerung in die Hyperinflation abgleitet? Glauben Sie weiter, dass Gold und Silber im Laufe der Jahre wertlos werden, sprich: *Ihre Kaufkraft verlieren*? Das es diesmal, erstmalig in Jahrtausenden, *alles ganz anders kommt* und deckungslose reine Papier-Währungen niemals mehr auf ihren wahren inneren *Wert*, nämlich auf Null in der Kaufkraft, fallen können?

7. Die Probleme unserer Zeit sind erdrückend. Wegen des Zinseszinssystems wachsen die Schulden *exponentiell*, das Wirtschaftswachstum wenn überhaupt nur *linear*. Die Lücke zwischen beiden wird – eben exponentiell – immer grösser. Daher gestaltet sich der Zinsdienst immer schwieriger und wird eines Tages unbezahlbar, da die Steuereinnahmen einfach nicht mehr ausreichen. In Krisenzeiten schrumpft das Steueraufkommen. Da die Finanzkrise bisher nur ansatzweise auf die Realwirtschaft durchschlug, stehen den Staaten massive Einnahmenverluste im Steuersektor erst noch bevor. Schon jetzt verbrauchen die Staaten wesentlich mehr als 100% der Neuschulden für die Zins-Bedienung der Altschulden. Japan ist am Schlimmsten betroffen. Dort verschlingt der Zinsdienst bereits 43% der Steuereinnahmen. Das Land könnte bald beginnen zu hyperventilieren. Wie lange noch können die Bürger dort, wie auch in anderen hochverschuldeten Ländern, mit immer neuen Steuerlasten unter immer neuen Namen ausgepresst und durch Inflation schleichend enteignet werden? *Wo suchen Sie Sicherheit? Wie wollen Sie sich schützen?*

8. Das heutige System leidet unter ausufernden Schulden im privaten und öffentlichen Bereich, eine Krankheit, die mit noch mehr Schulden bekämpft wird. Es leidet unter Überalterung der Bevölkerung, Problemen in der Energieversorgung, unbezahlbaren Sozialsystemen, einer Vollkaskomentalität der Bevölkerung, bankrotten Banken und Konzernen (z.B. *GM, Ford, Chrysler, AIG*). Mit *Tricks aus der Terrorismuskiste* werden Ressourcenkriege schlecht und recht getarnt. Weiter konfrontieren uns: Artensterben, Umweltverschmutzung, ein Derivate-Gebirge, das die Schwelle von einer Million Milliarden US$ im Gesamtvolumen weltweit überschritten hat, Spannungen zwischen religiösen Gruppen, die schleichende Islamisierung des Westens, Waldvernichtung am Amazonas, also des grössten Sauerstofflieferanten auf dem Festland, moderne Krankheiten wie AIDS, Bürgerkriege, zunehmender Wassermangel, Unterernährung ganzer Länder, Versteppung landwirtschaftlicher Gebiete und extreme Abhängigkeit von fossilen Brennstoffen. Auf Fragen zu diesen Problemen – und ihre Liste ist keineswegs komplett – finden Politiker und Banker keine Antworten. Und es sieht eher danach aus, als ob sich diese Probleme weiter verschärfen. Der Ausbruch einer Art *Weltkrise* wird immer wahrscheinlicher. Welcher Sicherheit im materiellen Bereich wollen Sie vertrauen? Einem maroden Bankensystem mit einer hauchdünnen Eigenkapitaldecke oder solidem Gold und Silber als einzigen echten, überall auf der Welt anerkannten und akzeptierten Währungen, mit ihrem eingebauten *innerem Wert*? Fragen Sie sich ehrlich selbst in stiller Stunde: Habe ich noch Verantwortungsgefühl meiner Familie gegenüber und kann ich wirklich noch selbständig denken? Oder falle ich der *Massenhypnose* der Medien zum Opfer?

9. Im Falle einer massiv und offen ausbrechenden Krise oder eines globalen Konfliktes haben die Herrschenden häufig auf das in ihrem Sinne probate Mittel des Verbotes und der Konfiszierung von Gold zurückgegriffen. Sollte sich dies wiederholen, wie gedenken Sie sich und Ihre Liebsten zu schützen? Wäre es nicht vielleicht für *Neulinge* angeraten, wenigstens einen bescheidenen Teil des Vermögens in Gold und Silber anzulegen und zugriffssicher zu lagern? Und sollten *alte Hasen im Geschäft* nicht doch den bereits angehäuften Edelmetallvorrat zumindest teilweise in einem Land lagern, das in seiner Geschichte stets bewiesen hat, das Eigentum seiner Bürger nachhaltig zu schützen? Beachten Sie: Die USA haben eine lange Tradition der Missachtung fremden Eigentums. Für die Schweiz und Liechtenstein gilt das Gegenteil. Amerika ist das *Mutterschiff* moderner Finanzchemie und der grösste Schuldner der Welt. Trauen Sie den dort Herrschenden, die ihren Gläubigern diktieren, wie das Schuldenproblem zu lösen sei? *Übrigens ein in der Weltgeschichte einmaliger und ungeheuerlicher Vorgang.* Normalerweise diktiert der Gläubiger dem Schuldner die Bedingungen. Und die Vasallenstaaten nicken stumm und ergeben, ja schicken immer neue vielstellige Millardenbeträge Richtung New York. *Vertrauen Sie einem solchen System,* das alle bewährten und natürlichen Regeln auf den Kopf stellt?

10. Das Bedürfnis nach Schmuck, Schönheit, dem Ausdruck der Unvergänglichkeit, sowie nach tragbarem, greifbarem und sichtbarem *Reichtum* ist dem Menschen angeboren. Gold kommt diesem Bedürfnis in idealer Weise entgegen. Es fasziniert – nicht nur das «schwache» Geschlecht. Es ist fast so, als ob beim Anblick des schimmernden Sonnenmetalles Urinstinkte wach würden. *Glauben Sie, dass diese emotionell eingefärbten Aspekte des Goldbesitzes nach Jahrtausenden urplötzlich schlicht verschwinden?*

Die Geschichte wiederholt sich

Die klassische Frage nach der *Wiederholung der Geschichte* stellt sich natürlich heute dringlicher denn je. Nicht neu ist, dass Menschen unter einem ungedeckten Papiergeldsystem leben mussten, wie beispielsweise im Deutschland der 1920er und 1930er Jahre. Neu ist hingegen, dass dieses unsoziale und verlogene System heute auf globaler Basis immerhin schon seit 1971 herrscht. Die Schweiz kappte die theoretische Goldbindung erst im Jahre 2000. Wie wird es weitergehen? Vielleicht nicht viel anders wie im damaligen Deutschland: Krise, Hyperinflation, Gold mit absurd hoher Kaufkraft, Diktatur, Krieg, Wiederaufbau und Gesundung.

Die Geschichte wiederholt sich grundsätzlich, nur jeweils in ein etwas anderes Gewand gehüllt. Wir sollten ihre für uns willig bereitgehaltenen Lektionen lernen. Nur dann werden sich die negativen Auswirkungen unangenehmer oder schmerzhafter Krisensituationen in unserem persönlichen Lebenskreis künftig auf ein Minimum beschränken. Vielleicht wird uns die Krise persönlich sogar weiterbringen? Immerhin steht fest, dass **Krisenzeiten Chancen bieten** und je tiefer der Fall ist, desto grösser die Chance wird. *Rockefeller, Carnegie, Rothschild* und andere superreiche Berühmtheiten bieten höchst anschauliche Beweise für diese These.

Wir erinnern uns daran, was der angebliche Ketzer, der behauptet hatte, die Erde drehe sich um die Sonne, nach seiner Verurteilung gemurmelt haben soll: *« Und sie bewegt sich doch!»* Was die Geschichte angeht, können wir heute mit gleicher ungebrochener Überzeugungskraft ausrufen: *« Und sie wiederholt sich doch!»*

Goldiger Ausblick

Die *Argumente*, die für Gold und Silber sprechen, sollen hier nicht wiederholt werden. Sie galten gestern, gelten heute und werden auch in Zukunft – seien Sie getrost – ihre Gültigkeit nicht verlieren.

Erhalten Sie sich ihre *physische und materielle Gesundheit*. Denken Sie selbständig, kühl und logisch, es ist leichter als Sie glauben. Freunden sie sich mit dem edlen *Königspaar Gold und Silber* an und vertiefen Sie diese Beziehung. Diese Freundschaft wird sich auszahlen. *König Gold* pflegt seine Untertaten nicht wie *Scheinkönig Papier* auszurauben, sondern diese zu belohnen und zu beschenken, mitunter sogar fürstlich.

Haben Sie Geduld. Es kann sehr wohl sein, dass das kranke Finanzsystem dank Notoperationen und Aufputschmitteln noch einige Jahre mit schwachem Puls im Koma gehalten wird. Möglich ist auch eine Flucht der Mächtigen nach vorn, in Form einer *Währungsreform* mit Kaufkraftvernichtung und schlagartiger Enteignung der breiten Masse der Bevölkerung. US-Dollar, mexikanischer Peso und Kanada-Dollar könnten sich vereint im *Amero* wiederfinden. Denkbar wäre auch eine *Spaltung des Euro* in einen vermeintlich starken Nord-Euro mit Deutschland und Frankreich im Zentrum, und einen schwachen Süd-Euro, mit den wirtschaftlich und finanziell schwachen Südstaaten der EU im Mittelpunkt. Möglicherweise eröffnen sich den grossen Planwirtschaftlern in Washington und Brüssel auch andere nur kurzfristig greifende Lösungsvarianten der systemischen Finanzkrise. Es darf spekuliert werden.

Vorerst sprudeln rund um den Globus hunderte von Milliarden Dollar oder Euro in Hilfsprogramme für bankrotte USA-Bundesstaaten – als neueste Entwicklung – und für etwa 20 grosse und kleine Länder, wie auch in täglich wachsende Anzahlen von Hilfsprogrammen aller Arten. Am Strahl der scheinbar unerschöpflichen Milliarden-Giesskanne laben sich Grosskonzerne, Unternehmen, Banken, Sparkassen und Versicherungen gleichermassen. Das Tempo des wohltätigen Kapitalflusses wird täglich schärfer, die Zahl üppiger Stützungsaktionen wächst fast schon stündlich, so ist vor allem eines sicher: *Hier werden marktwirtschaftliche Prinzipien mit Füssen getreten*!

Ans Wunderbare grenzt die Tatsache von beinahe *alttestamentarischen Dimensionen*, dass nämlich die von vermeintlicher Grosszügigkeit strotzenden Geldgeber ihrerseits unter dem Zeichen des Pleitegeiers agieren, und das System dennoch, wie eines der *Sieben Weltwunder*, irgendwie weiterläuft. Über hohen Schuldenhügeln werden nunmehr noch höhere Schuldengebirge aufgetürmt. Die nächste Steigerungsstufe wird der Schulden-Himalaja mit seinen vom Billionenschnee bedeckten Zinnen sein.

Doch weitere Höhen lassen sich nicht mehr aufbauen, denn dann beginnen Sauerstoffmangel und die eisige Kälte des dollarleeren Weltraums, die jedes finanzielle Leben unmöglich machen.

In solchen Zeiten der *Verzweiflung* haben die Staaten in der Vergangenheit häufig zum probaten Mittel der **Zwangsanleihe** gegriffen, zu deren Zeichnung Bürger unter Androhung möglicher Sanktionen gezwungen werden. Im Klartext bedeutet dies extrem niedrige oder gar keine Zinsen. Dann wäre Papiergeld, genau wie Gold, endlich zinslos geworden. Der Wunschtraum einiger Grossreligionen eines zinsfreien Finanzsystems ginge in Erfüllung. Aber diese Anleihen wurden nach einer Weile ohnehin auf Null gestellt, so dass Zinserwägungen keine Rolle mehr spielen. Eine solche Zwangsenteignung der Bürger hatten weder *Mohammed* in der 2. Sure des Korans noch die christlichen Kirchenväter mit ihrem früheren Zinsverbot gutgeheissen.

Statt die notwendigen Reinigungsmechanismen der Marktwirtschaft ihre natürlichen und damit schmerzhaften, aber heilenden Eingriffe vornehmen zu lassen, werden grosse Systemkomponenten mit Kernfäule durch frisch gedruckte Papiergeldmassen weiter am Komaschlauch erhalten. Ob dies das Finanzsystem retten wird?

Wohl nur in der Phantasie der rund 400 Lehrer und Beamten im heutigen deutschen Bundestag. Deren Wirtschaftsverständnis beschränkt sich auf die monatliche Entgegennahme ihres absolut sicheren Gehaltsschecks. Ihre Lebensleistung besteht im Wechsel vom gemütlichen Amts- oder Klassenzimmer zum etwas raueren, jedoch sehr viel besser dotierten Job als Stimmvieh mit Weltverbesserungsambitionen auf Kosten des Steuerzahlers.

Vielleicht erfolgt auch eine teilweise *Deckung* der möglicherweise bald kommenden neuen Währungen, wie Amero oder Neo-Euro, mit Gold?

Möglicherweise wird auch die kommende Weltmacht dem Gold eine stärkere Rolle einräumen. Die Chinesen und Inder zeigen seit Jahrhunderten eine hohe Affinität zu Gold und Silber. Sehen die Volkswirtschaften des Westens chaotischen Zuständen entgegen, wird China, genau wie Gold, der historische Krisengewinner sein. Schon jetzt stellen die kleinen gelben Männer das industrielle Rückgrat der Welt dar und sie sind Amerikas grösster Geldgeber. Ab 2009 löst China mit 17% *Weltanteil* die USA als führende Nation mit 16% in der industriellen Produktion ab. Diese Machtposition wird sich schon bald in politischen Einfluss ummünzen, denn mit wachsender wirtschaftlicher Macht steigt auch die politische. Früher oder später wird die USA-Weltmacht ihre bisher unangefochtene Führungsrolle an Peking abtreten müssen. Die **Folgen** sind kaum absehbar, doch könnte Gold aus diesem Umbruch gestärkt hervorgehen. Die Asiaten sind einfach *goldfreundlicher* als die Amerikaner.

Auch ist die *freie Marktwirtschaft* viel besser als ihr Ruf. Sie wird schlussendlich genau das korrigieren, was zu korrigieren ist. Die heutigen Probleme liegen in den masslosen Übertreibungen einiger Akteure und der Masslosigkeit einiger Teilmärkte begründet, verzerrt durch unzählige Eingriffe des Staates. Schuld ist nicht das System als solches. Nur die Marktwirtschaft bewahrt vor den sozialistischen Irrwegen der Planwirtschaft, die identisch mit dem Begriff der Mangelwirtschaft ist. Und nur das freie Spiel der heilenden Kräfte in einer Marktwirtschaft vermag das Absinken in eine Götterdämmerung der Finanz- und Wirtschaftssysteme, wie sie inmitten der gegenwärtigen Exzesse und Ungleichgewichte keineswegs auszuschliessen ist, nachhaltig zu verhindern.

Der Begriff der *Freiheit* ist verwaschen und ausgebleicht, ja der Bevölkerung schon beinahe abhanden gekommen. Was sogenannte Sicherheit ohne Freiheit bedeutet, hat der ehemalige Ostblock bis zu seinem Zusammenbruch höchst anschaulich demonstriert. Nur die freie Marktwirtschaft vermag ein Klima zu schaffen, in dem Leistung, Einsatz und Eigeninitiative wieder anerkannt werden, und die ein Steuersystem nicht bestraft, indem es die Mehrleistung wegsteuert, sondern diese honoriert.

Freiheit darf keinesfalls unmoralisches oder unverantwortliches Handeln legitimieren. Der *Staat sollte sich so wenig wie nur möglich einmischen*, muss allerdings Grenzen setzen, indem er beispielsweise den Banken überdimensionale Risiken untersagt. Wenn linke Populisten versuchen, die Planwirtschaft herbeizureden, wäre es die Aufgabe der Regierung, die freie Marktwirtschaft zu schützen. Das tragende Prinzip eines gesunden Mittelstandes, mit seinen eigentümer-geführten Betrieben muss und wird wieder viel mehr Geltung erfahren, wenn das Gemeinwesen prosperieren soll.

So gut wie alle vom Staat geführten Unternehmen sind eigentliche Wohlstandsvernichter. Diese einfache Erkenntnis wird sich früher oder später wegen der Sachzwänge wieder durchsetzen. Welche Sachzwänge? Der Mittelstand beschäftigt, je nach Land, zwischen 60% und 80% aller Arbeitnehmer und erbringt den höchsten Steueranteil. *Wer dem Mittelstand schadet*, schwächt auch Staatswesen und Marktwirtschaft. Daher wird die wirtschaftliche Vernunft die Zukunft prägen und die zentrale Säule der Wirtschaft, den Mittelstand stützen und hegen.

Doch was immer geschieht, Gold und Silber dürften an Kaufkraft und Bedeutung gewinnen. Sie werden im Gegensatz zu ausgedienten Papiergeldsystemen nicht einfach verschwinden. Was Jahrtausende glorreich überlebte, geht niemals sang- und klanglos unter.

Gold ist eine Versicherung, kein Spekulationsobjekt im Dienste des schnellen Reichtums. Vergessen Sie das tägliche ängstliche Hinstarren auf die durch Derivate und Notenbankverkäufe künstlich gedrückten Preise des Papiergoldes und deren Schwankungen. Wichtiger sind die Preislisten für physisches Gold in seinen diversen Versionen bzw. Varianten. Die täglich für Papiergold gemachten Angaben, könnten schon bald auf das Niveau des reinen Unterhaltungswertes absinken und in TV-Shows für Erheiterung sorgen.

Auf den Ernstfall vorbereiten, positiv bleiben

Noch geht es uns *gut*. Nahrung, Wasser, Kleidung, Wohnung, medizinische Versorgung, Treibstoff und Transportmittel, ja sogar die Freizeitgestaltung bzw. der traditionelle Urlaub sind, abgesehen von kleinen Störungen, als geschätzte Institutionen modernen Lebens, alle noch vorhanden und wirksam. Arbeitsmarktsituation und Rentenkassen bzw. Altersversorgung laufen alle noch im grünen Bereich, wenngleich im Rahmenwerk einer klassischen Scheinblüte.

Die Edelmetallpreise werden erst zu wirklichen Höhenflügen ansetzen, wenn die Grundversorgung der Bevölkerung ganz oder teilweise in Frage gestellt ist, wenn Kriegshandlungen drohen oder ablaufen und/oder ernste Versorgungsengpässe und allgemeine Nöte auftreten. Dann erst ist die *wirkliche Krise zu Besuch* gekommen, und dann erst tritt die Versicherung mit dem goldenen oder silbernen Schein als zuverlässiger Retter und Helfer auf. Bis dahin braucht man die Preiskurven nicht weiter zu beachten, es sei denn, man nutzt temporäre Preisschwächen zum Nachkauf.

Mit einem der persönlichen Liquiditäts-, Einkommens- und Vermögenssituation angepassten Vorrat physischen Edelmetalls kann dem Anleger im Grunde überhaupt nichts passieren. Selbst wenn morgen eine goldgelockte Fee die Welt mit einem Schwenken ihres Zauberstabes beglückte und das Finanzsystem durch Wunderwirkung vorübergehend heilte, behielten Gold und Silber einen gewissen Wert in Form realer Kaufkraft. Auf lange Zeit erhält dann der Familienschatz die Kaufkraft der Kinder und Enkel. Sein blosser Anblick verleiht neue Kraft oder sogar neuen Lebensmut. *Wilhelm Busch* kommentierte an dieser Stelle sehr treffend:

«*Er fühlt sich wie neu gestärkt
als er soviel Gold bemerkt*».

Sollte *Flucht* wegen Naturkatastrophen, Revolution, Krieg oder politischen Umstürzen notwendig sein, können Sie ihr Metall mit sich nehmen. Für den Neuanfang oder nach Rückkehr stünde Ihnen Ihr Eigentum voll zur Verfügung.

Die grossen *Weltereignisse* können wir als Einzelwesen kaum beeinflussen. Sie werden ablaufen und ihren Gang gehen. Doch in unserem kleinen persönlichen *Lebenskreis* können wir sehr wohl auf unser künftiges Wohlbefinden und auf die Sicherheit der Familie bzw. der Angehörigen in sinnvoller Weise Einfluss nehmen. Dies ist ein Gebot der Stunde, und Erwerb und Halten von Gold und Silber stellen wichtige Mauern oder Säulen Ihrer selbsterrichteten Schutz- und Trutzburg dar. Gleichzeitig schützt diese gelebte Eigenverantwortung die Gesellschaft als Ganzes.

Irgendwann werden menschliche *Vernunft* und klares selbständiges Denken wieder die Oberhand gewinnen und Gold wieder zu Geld werden. Die menschliche Natur findet selbst aus den schlimmsten Irrwegen immer wieder zu Balance, Gesundheit, Stärke und Sicherheit zurück. Der auf Schulden aufbauender Scheinwohlstand wird sich nach einem reinigenden Gewitter wieder zu echtem und solidem Wohlstand wandeln. Was gäbe es da zu fürchten? Und seien Sie gewiss: Keine Krise, welcher Art auch immer, dauert ewig.

Mit Gold ist es genau wie mit der Gesundheit:

«Gold ist nicht alles,
aber ohne Gold ist alles nichts.»

Dies gilt ganz besonders in schweren Zeiten.

Vertrauen Sie Gold, mit seiner seit den Zeiten von König Midas bestehenden Traditionen, seiner Schönheit, Stärke und Wertbeständigkeit. Gold wird das Vertrauen der geduldigen Menschen immer belohnen.

Alle politischen Versprechen addieren sich am Ende immer zur gleichen Summe: *Hyperinflation*!

Hans J. Bocker und Johannes Müller

SECHSTES KAPITEL

Groteske Realitäten:
Ironie als Brückenschlag

Beschwichtigungsgesänge

Die gebündelten Energien, die die Mächtigen der Finanz- und
Wirtschaftssysteme und die willfährigen Medien in die Verharm-
losung und Verniedlichung des weltweit weiter wütenden Finanz-
Tsunamis fliessen lassen, sind gewaltig. Sie haben schon fast etwas
Rührendes an sich. *Angela Merkel* z. B. *«gibt sich stets gelassen».*
Brüssel gibt sich *«zuversichtlich»* und die Europäische Zentralbank
(EZB) hält sich *«bedeckt».* Schliesslich hat man doch noch einen
starken Trumpf im Ärmel: Nur eben noch den Leitzins auf Null
stellen und alles wird wieder gut. Der grundgütige *Obama «strotzt
vor charmantem Optimismus»* und versprüht Hoffnung wie der an
der Angel zappelnde Lachs die Wassertropfen. Laut einer bekann-
ten Formulierung der Altväter der Volkswirtschaftslehre «wirft man
hier gutes Geld und gute Energie dem – bzw. der – schlechten
nach». Flössen diese *Energien* zusammen mit den neu geschaffenen *Geldströmen* beispielsweise in die Bewässerungssysteme
der Wüste Sahara, die arabischen Anrainer würden an Gebirgen
von Frischgemüse, Mais, Hammelkoteletts, Zuchtforellen, Kamel-
würsten, Datteln und Trauben ersticken.

Die Beschwichtigungsgesänge der vor den planwirtschaftlichen
Apparatschiks der Notenbanken katzbuckelnden Mediensirenen
gehen nach der Melodie:

*«Alles wird schon bald so wunderbar, dass wir alle am Ende
vor lauter Finanzkraft nicht mehr laufen können. Ein längeres
Bad in unseren Euro-Lagunen und unseren Dollar-Papiergeld-
schwemmen erfrischt und verjüngt einfach jeden, besonders natürlich unsere Kartellmitglieder. Gold und Silber bleiben lachhafte
zinslose barbarische Relikte des finsteren Mittelalters und gehören
für immer in Omas Kramschatulle. Unser Papiergeldsystem ist und*

bleibt mächtig und unschlagbar. Der grosse Aufschwung wartet schon – gleich um die Ecke!»

Eine kleine, hoch aktuelle Auswahl ähnlich melodische Verse aus den für die ahnungslose Öffentlichkeit komponierten Gesängen der Polit-Schlagerkomponisten folgen nachstehend – in leicht ironisierter Fassung versteht sich. Die ironischen Untertöne entspringen einer Lebensfreude, die sich Absurditäten, grotesken Verzerrungen, Mega-Manipulationen und Monstrositäten unbeirrt entgegenstellt. Positive Haltungen und Zuversicht *trotz allem* sind *in*, Schwarzmalerei und Pessimismus sind und bleiben *out*.

Leider tritt die internationale Krisendiplomatie trotz aller Gipfelmanie immer wieder auf der Stelle. Endlose Absichtserklärungen, aufkeimender Protektionismus im Welthandel und endlose Wohlfühlpropaganda gespickt mit finanzpolitischen Wahnideen fliessen reichlich, ansonsten aber wird wenig Konkretes geboten. Die ehemalige monopolistische Vormachtstellung der USA, die einst die Währungspolitik im Abkommen von Bretton Woods wie ein *Monarch des Absolutismus* den Völkern aufzwingen konnten, ist ins Wanken geraten. Zu gross sind die Abhängigkeiten vom zufliessenden Rauschgift des Fremdkapitals geworden, zu gross auch die Abhängigkeit vom Fremd-Öl und von den Rohstofflieferungen der Ausländer. Ohne Abstimmung mit China, Russland, Japan, den Arabern und selbst den servilen Europäern läuft heute nichts mehr. Dies dämpft die Ambitionen geopolitischen Grössenwahns spürbar.

Ansonsten konzentrieren sich Politiker recht wählerwirksam auf die Erhaltung von Arbeitsplätzen, wie beispielsweise im Falle Opel / General Motors, während das Grundübel ganz woanders, nämlich im Banken-, genauer im Zentralbankenbereich, zu suchen wäre. Doch dort wird weiter mit fauligen Suppen gekocht, die für eine Welt bestimmt sind, die es gar nicht mehr gibt. Die Ratlosigkeit scheint so gross wie der Schuldenberg. *Aber keine Sorge, nur noch einige Gipfel später haben wir wieder alles im Griff*. Beruhigend zu wissen! Erleichterung macht sich selbst bei Sozialhilfeempfängern, Kleinstrentnern, Asylanten, Tierhaltern und Pflegebedürftigen breit.

Die mit amtlichem Anstrich verbrämten Verniedlichungen nehmen mitunter schon groteske Züge an. Die *Krise* gleicht lediglich einem Kleinunfall mit etwas Blechschaden am Dollarkotflügel und einer leicht verbogenen Bankenachse, wird den erstaunt Lauschenden verkündet. Der Rettungsairbag hat glänzend funktioniert. Die Hinter-*Achse des Bösen* wird sich dank militärischer Hochtechnologie nicht heisslaufen. Nichts was ein guter Zinsspengler und Gelddruck-Mechaniker – oder notfalls ein Nato-Generalstab – nicht mühelos hinkriegen könnte.

Rasch nur noch die Edelkarosse der Hochfinanz durch eine sanft reinigende Dollar- und Eurowaschanlage gefahren, alle Gleitlager über der tiefen Grube fauler Kredite reichlich mit Liquiditätsfett geschmiert und die Lenker mit Boni-Ölen gesalbt. Die gähnende Leere im US-Kofferraum für Spareinlagen mit ein paar Billiarden mehr an derivativen Werkzeugen – und den staubtrockenen abgeklemmten Kredittank mit grünlichem Frischdruck-Rettungsdiesel aus der Fed-Raffinerie aufgefüllt. Schon glänzt das Gefährt in alter Herrlichkeit und gleitet wieder elegant über die mit Staatsanleihen dick gepflasterten Finanzstrassen dieser Erde dahin.

Das durch die Massenmedien bestens versorgte Publikum kommt aus dem freudigen Staunen nicht mehr heraus. Immer neue *Offenbarungen* ergiessen sich über die Massen der Papiergeldsklaven. So gab es beispielsweise zahlreiche Banken, die Versicherungsleistungen für ihre eigene Insolvenz lieferten und diese als Finanzprodukt verkauften. Dies wurde erst jetzt bekannt. Zum Einen verstanden die Käufer den absurden Irrsinn solcher Produkte nicht, zum Anderen liessen sich damit die Bilanzen herrlich frisieren, denn *versichertes* Risikokapital galt als bombensicher, so gut wie Gold. Auch wenn die Versicherung vom Versicherten selbst kam. Das Ganze wurde treffend mit einer Versicherungspolice für die *Titanic* verglichen, abgeschlossen von einem Passagier auf der *Titanic*. Wird die Versicherung fällig, kann nicht gezahlt werden, denn Untergehender und Versicherung waren ja identisch. Doch der Steuerzahler kommt für alles auf. Was spielen denn einige Billionen schon für eine Rolle? «*Debt does not matter*» war schon immer die Kernparole der Notenbanker.

Frohe Botschaften

Das Finanz-GPS-System erfreut mit der Dauermeldung: «*Die Aufschwungstrasse beginnt gleich an der nächsten Ecke. Dort wird gerade die Goldtankstelle des IWF eröffnet. Sie speist vorne die Massen mit Negativrenditen ab, während hinten dollarstarke Chinesen, devisenreiche Araber, kluge Russen und smarte Japaner klammheimlich Gold auftanken. Diese Irregeleiteten wollen einfach nicht begreifen, dass Gold und Silber lachhafte Überbleibsel längst versunkener Zeiten ohne jeden wirtschaftlichen Wert sind und bleiben. Sie gehören in Behindertenwerkstätten zwecks Herstellung von Weihnachtsornamenten für Wohltätigkeitsbasare».*

Natürlich leiht sich der IWF hunderte von Milliarden $ von den Zentralbanken grösserer Staaten, wie beispielsweise von den Japanern, welche wirtschaftlich gerade beginnen zu hyperventilieren. Dort scheint der Yen seine einstige Funktion und Status als sicherer Hafen zu verlieren. Die Wirtschaftsdaten aus dem Reich der aufgehenden Sonne werden von Woche zu Woche besorgniserregender. Nicht nur die Autoindustrie führte eine Vollbremsung durch. Gut für den Dollar, schlecht für den Yen! Und in Spanien strebt die offizielle Arbeitslosenrate auf 16% zu. In Wirklichkeit sind wir schon bald bei etwa 25% angekommen, Tendenz: Weiter steigend. Gut für die Deutschen, die dürfen ihre spanischen EU-Mitbürger dann quersubventionieren. Das sorgt für echt brüderliche EU-Gefühle nach dem Motto der treuen Musketiere: *Einer für alle, alle für einen!* Vielleicht gilt dies sogar schon bald für die Ölscheichs, die als Bittsteller auftreten könnten. Immerhin musste Dubai Anfang März 2009 mit einer 10 Milliarden $ schweren Hilfsaktion durch die Zentralbank der Vereinigten Arabischen Emirate gestützt werden und Dubais Herrscher muss 2009 Schulden in Höhe von 14 Milliarden $ und bis 2012 weitere 54 Milliarden begleichen. Das sind 275 000 $ pro Kopf und Dubai hat so gut wie kein Öl. Wie das alles genau funktionieren soll, ist unklar, doch heimlich kauft der Herrscher Gold.

Weitere Rettungen im Ölraum zeichnen sich ab. Und die Staatsfonds des Bruderstaates Abu Dhabi haben 2008 immerhin rund 190 Milliarden $ an den Weltmärkten verzockt. Das war über die Hälfte des Gesamtvermögens. Sogar die Scheichs gehen jetzt notgedrungen auf Diät. Aber was sind schon ein paar hundert Milliärdchen im grossen Weltfinanzpoker?

Zwar ist der Dow Jones, der für die Finanzwelt soviel Symbolwert hat wie das Kreuz für den Papst, seit der ersten Auflage dieses Buches im November 2008 zwischenzeitlich von ungefähr 8500 auf 6800 ein wenig abgeglitten und hat sich seit Anfang 2009 mit Mühe und Not an 10 000 Punkte herangerobbt, fernab der Rekordmarke von 14 000 im Oktober 2007. Der von unseren genialen Börsenpropheten, wie beispielsweise *Abby Cohen* von New York, immer wieder vorausgesagte Anstieg auf 36 000 oder gar 100 000 Zähler wird wohl erst mit einiger Verspätung eintreffen. Dafür stieg aber der schwindsüchtige und todkranke Dollar im Aussenwert, trotz verheerender Konjunkturdaten, steil an. Wunder über Wunder! Und millionenschwere Boni werden weiter munter an Bankmanager ausbezahlt, die Milliardenverluste verursachten. Massives Missmanagement wird grosszügig belohnt. Das *Papiergeld-System* ist eben etwas ungewöhnlich. Ganz gewöhnlicher Natur ist dagegen der Anstieg der Arbeitslosenraten, besonders in den USA. Allein im Monat Februar 2009 meldeten dort rund 700 000 mehr Menschen offiziell ihren Arbeitsplatzverlust. Die ungeschönten Zahlen dürften real weit höher liegen. Auch müssten die künstlich neu geschaffenen Papier- und Digitalgeldmassen in Billionenhöhe eigentlich hyperinflationäre Zustände auslösen, da die diesen wachsenden Geldgebirgen gegenüberstehenden durch die Realwirtschaft erzeugten Güter und Dienstleistungen bestenfalls stagnieren oder sogar schrumpfen. **Massiv mehr Geld bei gleichzeitig weniger Produktion und Wertschöpfung sollte doch für Zustände wie in Deutschland 1923 sorgen.** Doch stattdessen fallen die Inflationsraten und manche sprechen sogar von Deflation. Also noch ein Wunder! Daher müssen wir den Finanzjongleuren, Dollarzauberern und Euro-Bauchrednern und ihren Mantras absolut vertrauen. Die von ihnen immer wieder beschworenen Kräfte der Finanz-Wunderheilung versagen niemals. Sie sind am geheimnisvollen Wirken wie man am Dollar, den Boni und den deflationären Tendenzen klar sehen kann: *Greenspan-Kadabra, Berni-Simsalabim*!

Die Krise mag sämtliche Rekorde brechen. Die Volumina der vernichteten Aktiva hat weltweit die 40-Billionen-Dollar Grenze überschritten und sie wachsen weiter, genau wie die Anzahl notleidender Banken und die Dimensionen der internationalen Ansteckung. Die prompte Transmission auf die Realwirtschaft überrascht selbst systemgläubige *Experten*, die verzweifelt im Handbuch für Kleinkrisen – kürzlich erschienen im Greenspan-

Verlag – nachschlagen. Dort entstehen auch erste Einsichten. So sieht der Chef der Volkswirt der Deutschen Bank, *Norbert Walter* für 2009 die schärfste Rezession der Nachkriegszeit und erstmalig auch eine Schrumpfung des Welthandels mit einer zweistelligen Rate voraus.

Auch kommen traurige Kunde von Massenveranstaltungen, wie beispielsweise von Messen und Ausstellungen, die als führender Indikator für den Konjunkturverlauf gelten. Dort gilt ein völlig neues Motto: «*Stell dir vor, es ist Messe und keiner geht hin!*» Es herrscht Glanz durch Abwesenheit. Doch die Reaktionszeiten unserer verehrten wirtschaftspolitischen Entscheidungsträger werden immer kürzer und ihre Massnahmen greifen immer besser. Ein Rettungsgipfel jagt den anderen. Die Zinsen wurden schon ohne Fallschirm aus ihrem Flugzeug gestossen. Ihr Aufprall auf den Null-Hügel steht unmittelbar bevor. Genau dies hat Japan vor 20 Jahren getan und man laboriert noch immer unter krisenhaften Zuständen.

Vielleicht sollten wir den *verlorenen zwei Jahrzehnten* der Japaner einige weitere verlorene Jahrzehnte hinzufügen? Abwechslung ist schliesslich immer gut.

Gewaltige Konjunkturpakete werden mit lässiger Routine bereitgestellt und Liquiditätsspritzen wie bei einer Gross-Feuerwehrübung verabreicht, wobei das ungeheure Ausmass nach Jahrzehnten leerer Geldtöpfe mehr als verwundert. Gestern noch völlige Ebbe in allen Kassen und heute können sie die Geldmengen nicht mehr fassen. Man braucht ständig neue und wuchtigere Tresore und grössere Speicher für das neue Digitalgeld. Das schafft dringend notwendige neue Arbeitsplätze im Tresorbau, was wiederum die sozialen Spannungen abbaut. Schade nur, dass ausserhalb dieser Kleinbranche wie auch im boomenden Bereich der Insolvenzverwalter massiv Stellen abgebaut werden. Aber man ist gut gerüstet. Die Geldquellen sind ja ganz plötzlich unerschöpflich geworden. Wieso eigentlich? Ganz einfach: Wir hatten sie früher einfach *noch nicht entdeckt*. Genau wie beim Öl kann Quellensuche eben etwas dauern.

Nachrichten wie beispielsweise von der Lloyds-Gruppe, die gerade in ein Milliardenloch stürzte, und genau wie die Royal Bank of Scotland immer wieder neue Beträge von der Regierung einfordert, sind recht unterhaltsam und eignen sich gut für TV-

Hausfrauensendungen an späten Vormittagen. Zu schade nur, dass die entsprechenden abschreibungsverdächtiger Sümmchen jedesmal den Staatshaushalt mittelgrosser Länder übertreffen. Oder wie steht es mit der AIG-Versicherung? Offenbar nicht schlecht. Anfang März 2009 meldete diese einen neuen *Quartalsverlust*, diesmal von lumpigen 62 Milliarden $. Zum dritten Mal binnen weniger Monate war eine *Rettungsaktion* mit 30 Milliarden $ fällig. Zuvor waren schon insgesamt 160 Milliarden $ an *Notgeldern* geflossen. So langsam summieren sich die Rettungssummen auf eine Drittel Billion $. Und das für eine einzige Unternehmung, die zusammen mit solchen Herzchen wie Fannie Mae und Freddie Mac oder die Citigroup – zu einer zahlreichen und weiterwachsenden Gruppe gehören, deren Mitglieder immer wieder um staatliche Hilfe betteln müssen. Aber Allvater Staat hat's ja – und das im Überfluss. Nur bleibt rätselhaft, warum niemand früher auf solch nahe liegenden Ideen kam. Schuld müssen wohl die Ergebnisse der Pisa-Studie sein.

Doch droht weiteres Ungemach: Die für die Hypothekengiganten Fannie und Freddie bereits abgelieferten und wahrscheinlich noch notwendigen Rettungssümmchen dürften sich am Ende auf etwa 5 Billionen, also 5000 Milliarden $ belaufen, worunter sich kein normal Sterblicher mehr etwas vorstellen kann. Aber derlei ist nicht weiter wichtig. Man hat ja die unerschöpfliche Druckerpresse. Und es ist ja auch noch *Vermögen* in den Bilanzen der Mega-Bankrotteure da. Die Lloyds beispielsweise *verfügt* über einen *Schatz* von beachtlichen 250 Milliarden Pfund an *Wertpapieren* – faulen allerdings. Das sind etwa 315 Milliarden €, die wahrscheinlich grösstenteils abgeschrieben werden müssen. Zum Vergleich: Der gesamte Staatshaushalt der BRD beläuft sich auf 288 Milliarden €. Ganz Deutschland müsste also ungefähr 13 oder 14 Monate lang arbeiten, Steuern abführen und dem Staat überreichen, nur um die Giftpapiere einer **einzigen** zur EU gehörigen Institution abdecken zu können, ohne dass auch nur ein Cent für geplante staatliche Ausgaben Deutschlands übrig bliebe, einschliesslich der 22 Milliarden für die Brüsseler Monsterbürokratie und der ungezählten Milliarden, die für diverse militärische Abenteuer mühelos fliessen. Doch das muss leider sein, denn am deutschen Wesen wird der Hindukusch genesen. Was wären die Afghanen und andere durch deutsch-alliierte Truppen beglückte Regionen der Welt ohne nachdrückliche und äusserst kostspielige Entwicklungshilfe in Form von Panzerspähwagen, Hubschraubern, Raketen, Mörsern, bayerischen Scharfschützen mit Nachtsichtgeräten und Maschinenwaffen?

Das Lamento schüchterner Kritiker an derlei *Abenteuern* wird mit immer neuen Sonntagsreden aus Berlin und Brüssel übertüncht. Hier gibt es keinerlei Probleme mit der Finanzierung. Auch wird mantrahaft wiederholt, dass die EU in Wahrheit die rettende Insel der Stabilität im wild tosenden Ozean der Finanzkrise sei. Leider werden Sonntage immer seltener, und auch an Wochentagen wackelt die EU-Stabilität bedenklich. Gegen sieben Mitgliedstaaten leitete Brüssel – bisher – ein Verfahren wegen der *Überschreitung der Defizitgrenzen* ein. Was natürlich eine reine Formalität ohne reale Bedeutung bleiben wird. Doch es beruhigt ahnungslose Bürger. Schliesslich wird «*etwas gegen die Schuldenmacherei getan*». Irland liess mit seiner minimen Regulierung die irrsinnigsten Finanzgeschäfte zu, deren Milliardenverluste nun alle tragen müssen, Griechenland und Portugal lebten massiv über ihre Verhältnisse, zulasten anderer EU-Mitglieder. Ihre Industrien sind auf Grund der durch den Staat hochgepumpten Entlohnungsstrukturen, genau wie in Italien, nicht mehr wettbewerbsfähig. In Spanien explodieren Staatsschulden und Lohnstückkosten, Banken krepieren und Immobilienblasen platzen mit lautem Knall. In Italien sieht es nicht viel besser aus.

Schon werden diese Länder nach ihren Anfangsbuchstaben mit dem Sammelbegriff *PIGS*, auf gut Deutsch also Schweine benannt. Eigentlich müsste es *PIIGS* heissen, zählt man Irland hinzu. Das schlichtere PIGS aber steht für **P**ortugal, **I**talien, **G**riechenland und **S**panien. Die finanzpolitischen Sünden der PIGS sollen nun Staaten wie Deutschland mittragen. Kein Zweifel, der europäische Solidaritätsgedanke durchläuft eine steile Abwärtsspirale. Die Deutschen werden aber schon durch die Berliner Grössen auf die Solidarhaftung vorbereitet. Bald schon sollen *Europäische Staatsanleihen* ohne Zinsaufschläge ausgegeben werden, deren Erlöse den südlichen Bankrottstaaten auf Kosten der nördlichen Brüder zufliessen. Die derzeit von nervösen Investoren verlangten Zinsaufschläge für die Staatsanleihen der EU-Südstaaten-Bankrotteure drohen deren Staatsfinanzen im Schnellgang völlig zu ruinieren. Da muss Brüderlein im Norden helfend einspringen.

Der Euro bestraft also solides Wirtschaften und belohnt Verschwendung, Über-die-Verhältnisse-Leben und Grössenwahn. Richtig so, denn nur wenn es Probleme gibt wird man die Politiker wieder wählen, sofern diese überhaupt den Wahlgesetzen unterliegen. Schliesslich hält sich die europäische Machtzentrale in Brüssel frei von diesem altmodischen Wählerunsinn und schaltet und waltet weitgehend nach Belieben. Und dem ursprünglichen Stabilitätspakt war ja in weiser Voraussicht durch Rot-Grün in Deutschland der machtpolitische Zahn gezogen worden. Also: Alles Bestens!

Manche Deutsche sammeln in Vorahnung eines Auseinanderbrechens der Eurozone bereits statt Goldmünzen *deutsche Euros*. Das sind die mit einem X vor der Seriennummer, die sie dann für die neue Mark nach dem erhofften Verschwinden der in Wirklichkeit superstarken und soliden Gemeinschaftswährung einzutauschen gedenken. Das X ist der Ländercode und jedes Land hat «seine Euros», gekennzeichnet durch den Vorbuchstaben, z.B.: Belgien durch Z, Irland T, Griechenland Y, Spanien V, Frankreich U, Italien S, Zypern G, Malta F, Holland P, Portugal M, Slowenien H, Finnland L, usw. Doch wie könnte es zu einem Ende des Euros und einer Auferstehung der Mark kommen, von einer Auferstehung des Goldes als Geld ganz zu schweigen. Eher wird man, ähnlich wie nach dem ersten Weltkrieg, kleine Anstecker mit der Aufschrift tragen: «*Gold gab ich für Euros*». Genausowenig wie es, laut Propagandawalze, je zu einem Ende des riesenstarken kommunistischen Imperiums kommen konnte… – uuups, hier hat sich wohl ein kleiner Fehler eingeschlichen, aber: *nobody is perfect*, nicht einmal die Propaganda-Ministerien oder PR-Firmen.

Könnten nun die PIGS und andere Bankrottstaaten die Euro-Zone verlassen, Landeswährungen wieder einführen und diese der Realität entsprechend abwerten? Wohl kaum, denn dann würden sich ihre verbleibenden Euro-Schuldenberge dramatisch erhöhen und sie völlig ersticken. Sie wären ja dann in einer Hartwährung verschuldet. Auch Länder wie Deutschland würden dabei in den Strudel der Entwertung riesiger Anleihenbestände gerissen. Zudem würden viele der deutschen Nachbarn solange abwerten, bis Deutschland mit seiner dann teuren Währung kaum noch etwas exportieren könnte. Wie gesagt, an *alles* ist gedacht man hat alles im sicheren Griff. Die Brüsseler Monstrosität wird also sicher an der Macht bleiben und der Euro steht wie ein Fels, auch wenn er seit seiner Einführung am 1. Januar 2002 schon 57% seiner Kaufkraft verloren hat. Aber das hat ja keiner gemerkt. Und die verbleibenden 43% könnten doch genau so unbemerkt verschwinden. Papier und die Bevölkerung sind geduldig.

Gewisse Systemgegner meinen: «*Ach wie schön wäre es gewesen, eine Goldwährung zu haben, die all diese Riesenprobleme verunmöglicht hätte*». Doch das bleibt alles leeres Gerede, denn nur wenige Gipfel später, und auch diese Probleme werden elegant gelöst.

Ach ja, die Royal Bank of Scotland (RBS) hält nach 24,1 Milliarden Pfund Verlust nicht nur den bisherigen Negativrekord in der britischen Wirtschaftsgeschichte, sondern sie hält auch noch schwerkranke *Risikopositionen* in Höhe von 304 Milliarden Pfund (etwa eine Drittel Billion €), die der britische Steuerzahler jetzt *versichert*. Doch ist Letzterer selbst entweder finanziell bereits schon völlig ausgeblutet oder arbeitslos. Um den Vergleich zu wiederholen: Der deutsche Staatshaushalt, als Zahlmeister der EU, wäre allein für die Rettung dieser beiden krebskranken Institutionen im EU-Raum (also Lloyds und RBS) jetzt schon für etwa 30 Monate vollumfänglich in Anspruch genommen, von hunderten anderer um Hilfe brüllender Banken und Konzerne gar nicht zu reden. Doch auch hier lautet die frohe Botschaft: «*Der nächste Gipfel kommt bestimmt!*» Und dort löst die Superintelligenz der Banker und Politiker derlei Miniprobleme zum Nachtisch. Was sind denn weltweit schon 200 oder 300 Unternehmen wie Lloyds, die RBS oder die AIG?

Da kann der Verfasser nur noch mit Goethes Faust resigniert ergänzen: «Die Botschaft hör ich wohl, allein mir fehlt der Glaube!» Und sein berühmtes Gedicht *Über allen Gipfeln ist Ruh* gewinnt neue Bedeutung.

Blasenschöpfer regieren

Nach den so erfolgreich geschaffenen Blasen der japanischen Aktienmärkte, der Bonds, der Internetwerte, der Immobilien, Hypotheken und der Rohstoffe, haben nun die Mächtigen noch etwas *Neues* geschaffen, was alle Probleme für immer lösen wird: Die *globale Blase der Rettungsaktionen.* Auch sie wird sich zu einer schmerzhaften Brandblase entwickeln.

In Russland schmerzt es schon. Angesichts der rapide steigenden Arbeitslosenzahlen, der niedrigen Ölpreise und der Finanzkrise will Präsident *Medwedew* seinen Landsleuten das Goldschürfen wieder erlauben. Ganze Heerscharen von Arbeitslosen und armen Pensionären stehen Gewehr bei Fuss, um Bäche, Flüsse und Abraumhalden zu durchsieben und nach Gold zu graben. Dies soll die Zahl der Beschäftigungslosen von derzeit fast 7 Millionen Menschen deutlich verringern. So hat die Goldproduktion auch ihr Gutes.

Weltweit schmerzte es bisher nicht nur die Ärmsten und die kleinen Anleger sondern sogar die Superreichen. Laut Forbes hat sich zwischen April 2008 und März 2009 die Zahl der Dollar-Milliardäre weltweit von 1125 auf 793 Personen reduziert. Auch die auf der Liste Verbliebenen mussten bitter leiden. So schrumpfte das Vermögen des berühmtesten Investors der Welt, *Warren Buffett* von 62 auf 37 Milliarden $. Einen ähnlich brutalen Schicksalsschlag erlitt der bisher reichste Mann der Welt, *Carlos Slim Helu*, der statt 65 jetzt nur noch 35 Milliarden $ sein eigen nennt. Aldi Gründer *Karl Albrecht* verbleiben noch bescheidene 21,5 und *Ingvar Kamprad* (Gründer der Firma Ikea) 22 Milliarden $. Diesen beklagenswerten armen Neu-Reichen wäre mit massiven Investitionen in Gold sehr viel besser gedient gewesen. Vielleicht bringt sie ihr stures Verbleiben in den langsam sterbenden Papierwährungen eines Tages noch an den Bettelstab. Dann winkt *Hartz 4*. Oder sie reihen sich in die Fusstruppen der Goldsucher ein.

Das Bild der globalen Wirtschaft beschwört derzeit das Bild des beliebten Souvenirs der Kopfjäger von Borneo herauf: Den geräucherten Schrumpfkopf. Am Ende von 2008 waren weltweit etwa 40 Billionen $ an den Börsen und in den Häuser- und Derivatemärkten vernichtet worden. Am 31. Dezember 2008 atmete die Investorengemeinschaft erleichtert auf. Das Schlimmste der Schrumpfperiode mit ihren finanziellen Ausräucherprozessen schien endlich vorüber. Doch dann kam leider das Jahr 2009, wie Jahre sich eben so zu folgen pflegen. Der Jahreswechsel war einfach nicht aufzuhalten. Bis Anfang März gaben die Weltmärkte im Durchschnitt noch einmal um 19% nach.

Geht es so weiter, wird man sich in Investorenkreisen wehmütig an das *gute alte Jahr 2008* erinnern, indem alles noch relativ gut verlief. Hierbei kommt die zentrale Rolle den Zentralbanken zu, die den dienernden Politikern beliebige Summen zur Verfügung stellen, Bürgschaften in jeder gewünschten Höhe abgeben und mit zahlreichen *unkonventionellen Massnahmen* aller Art – wie beispielsweise dem Aufkaufen von Giftmüllpapieren, dem implodierenden Finanzsektor unter die Arme greifen. Dort trifft der neue Werbeslogan alle Nägel auf ihre Köpfe: «*Die Zentralbank, dein Freund und Helfer!*». Oder auch: «*Nicht verzagen, Bernie fragen!*». Der gute *Heli-Ben*, der noch immer plant, grüne Geldpacken aus schwarzen Hubschraubern vom blauen Himmel herab über belebten Plätzen regnen zu lassen, weiss immer Rat. Während der Ägide seines Vorgängers, dem berühmten Mister *Kauderwelsch*, wurde eine Reihe von wandernden Blasen erschaffen, ein beliebig fortsetzbarer Vorgang. Man braucht nur extrem billiges Geld in immer grösseren Massen zur Verfügung zu stellen, und die Welt ist gerettet. Dies erzeugt zwar über Inflation und Steuern *Negativrenditen* für Sparer und Anleger, aber das wird leicht verkraftet. Wozu denn Renditen für die nützlichen Idioten, die, dem Herdentrieb folgend, ihr Geld den Anbietern von Staatsanleihen willig überlassen? Und dies, obwohl die sich jetzt bildende Bondblase demnächst, wie alle ihre Vorgänger, zischend platzen wird.

Indessen agiert die Fed völlig gelassen weiter wie gewohnt: Am 18.3.2009 überraschte eine Meldung, die die Finanzmärkte in Aufruhr versetzte. Die Fed weitete die als *Quantitative Easing* bekannte Hilfsmassnahme schlagartig aus. Eine volle Billion $ soll zusätzlich frisch gedruckt und langlaufende US-Staatsanleihen angekauft werden. Dadurch sollen auch die Langfristzinsen sinken und die Kreditnachfrage steigen. Hinzu kommt der Ankauf von wertlos gewordenen Problempapieren in Höhe von zunächst 750 Milliarden $. Insgesamt weist das neue Stimulations- und Rettungsprogramm ein Volumen von vorerst 1,25 Billionen $ auf. Die gesamte Finanzierung aus dünner Höhenluft geschöpft. Aktien und Bonds zogen daraufhin an, doch der Dollar gab nach. Langsam wird es den Dollarhaltern weltweit doch wohl etwas eng in der Kragengegend. Die Eurokurse jedenfalls avancierten kräftig.

Natürlich verführt diese Schwemmaktion zu immer grösseren Fehlallokationen von Kapital und zu neuen gewagten Spekulationen. Sobald sich eine neue Blase abzeichnet, wird wie wild gewettet und die Billiarden fliessen in Strömen, genau wie im Kasino, nur mit astronomischen Dimensionen. **Der Zins hat seine Grundfunktion für sinnvollen Kapitaleinsatz längst verloren.** Der konstruktive Einsatz des Zinsinstrumentes wurde durch die Machenschaften der Notenbanken nahezu zerstört und lenkt Kapital in sterbende Unternehmen, unwirtschaftliche Projekte oder tote Institutionen. Besonders deutlich: Beim *Nullzins* wird nicht mehr zwischen seriösen langlaufenden Investitionen und raschem Geld aus hoch spekulativen Projekten unterschieden, dies führt am Ende leider zum Platzen der mit Sicherheit entstehenden Blase. Doch in ihrer angestammten Rolle als Systemgötter erschaffen die Notenbanker einfach eine neue. Möglich sogar, dass das nächste Glied in der Blasenkette – nach den Bonds – die Edelmetalle einschliesst. Deren Preise versuchen die Papiergeldkönige seit Jahrzehnten fortlaufend zu deckeln, um eine Massenflucht von Irregeleiteten aus unserer hochsoliden Papierwährung zu verhindern, vielleicht auch, um einigen umsichtigen Superreichen den preiswerten Einstieg in Edelmetalle zu ermöglichen – klammheimlich, versteht sich.

Und der heissgeliebte und von den Medien wie ein reinkarnierter Erzengel gefeierte *Obama* erklärte feierlich und wiederholt: *Ab sofort wird eisern gespart und der Haushalt in den nächsten Jahren ausgeglichen sein. Dafür verbürge ich mich. Vertraut mir nur, liebe Mitbürger. Die Schulden und alle anderen Probleme werden verschwinden, wenn alle mit anpacken, tüchtig arbeiten und optimistisch sind. Amerika ist und bleibt das stärkste Land der Welt und uns kann nichts erschüttern.* Nur merkwürdig, dass inmitten all dieser gross angekündigten «*Sparpolitik*» und vollmundigen «*Schuldenbekämpfung*» das grösste Haushaltsdefizit in der Wirtschaftsgeschichte der Welt ganz beiläufig mit vorgestellt wurde. Erst war von 600, dann von 800, dann von 1200 Milliarden $ die Rede. Jetzt sind es plötzlich 1,75 Billionen $ mehr Ausgaben als Einnahmen, die aber mit *off-budget-items* und Nachtragshaushalten bis zum 1. Januar 2010 mühelos auf 2 Billionen $ anschwellen dürften. Der Schuldenberg wächst also um einen Rekordbetrag weiter, während man gleichzeitig von einem tollen «*Sparpro-*

gramm» redet. Irgendwie erinnert das Ganze an den *Orwell*-Speak der Verdrehung: *«Wahrheit ist Lüge, Schmerz ist Lust, Schwarz ist Weiss, Täuschung ist Ehrlichkeit, Gold ist Schmutz, Silber ist Dreck. Reden ist Schweigen und Verschwenden ist Sparen»*.

Neuerdings scheint aber *«Gewinn ist Verlust»* ein Bedeutung zu gewinnen, denn Ratingagentur Moody hat in seltener Einsicht in die Situation eine *Todesliste* aufgestellt. Diese schwoll in den letzten Monaten von 150 auf 283 Todeskandidaten an. Es handelt sich um grosse Unternehmen mit Ratings unter Caa1, inkl. B3-Firmen im Überprüfungsprozess. Auf dieser **roten Liste** finden sich erstaunliche Namen, wie Chrysler, Ford, Lear, Eastman Kodak, Obsthändler Dole, GM und US Airways. Wurde auch Zeit für etwas *action*, denn ansonsten wäre Moody wie die Branchenkollegen zur absoluten Bedeutungslosigkeit verkommen, mit einer möglichen Zukunft in der Amüsierbranche. Doch völlig unbeirrt von derlei unbedeutenden Ereignissen fahren die Mächtigen und ihre Propagandamaschinen fort, segensreich in ihrem Sinne zu wirken.

Obamas Gerede von Völkerverständigung und internationaler Zusammenarbeit erscheint hohl. In der Schweiz z. B. gab es Mitte März 2009 bereits ein böses Erwachen aus dem Semi-Delirium der begeisterungsschwangeren *Obamanie*. Der Neue im Weissen Haus hatte gleich in seinen ersten Amtswochen einen Frontalangriff auf den Bankenplatz Schweiz sowie auf gewisse Schweizer Grundwerte lanciert. Statt im erhofften Honeymoon steckt das Verhältnis zu den USA nach der Ära *Bush* in der gravierendsten Krise in zwei Jahrzehnten. Statt auf diplomatisches Entgegenkommen stösst die Schweiz auf tiefste Geringschätzung rechtsstaatlicher Verfahrenswege. Kein Zweifel, wenn es um sehr viel Geld geht, nehmen die internationalen Spannungen zu, nicht ab. Zuhause läuft die Obamanie derweil auf eine massive Ausweitung der Staatsfunktionen hinaus, die sich leicht mit derjenigen des New Deals zu Zeiten der Weltwirtschaftskrise und den sozialistischen Gross-Reformen von Präsident Johnson in den 1960-er Jahren vergleicht.

Trotz all ihrer Verharmlosung und Manipulationen brach der Goldpreis in Euro, Franken, Australdollar oder Kanadadollar bewertet, unerklärlicherweise fortlaufend neue Rekorde und stieg gleichzeitig von der 800er in die 1000er USD-Zone pro Unze auf.

Und dies trotz machtvollen Manipulierens des Plunge Protektion Teams – kurz PPT und offiziell *Working Group on Financial Markets*, seiner Medien-Helfer, sowie des Exchange Stabilization Funds. Letzterer hält etwa 300 Milliarden $ an *Eingreifreserven*, und scheint neben wenigen Grossbanken der grösste Trader an der Comex mit ihren überdimensionalen preisdrückenden Leerverkäufen zu sein. Unzenpreis und Dow könnten sich eines nicht allzufernen Tages vielleicht bei der Marke 3000 oder 4000 treffen, doch das alles geht rasch vorüber wie ein Hühnerauge oder der Faschingskater. Es lebe das Papiergeldsystem! Nur dort erfüllen sich alle Wünsche – jedenfalls für eine winzige Minderheit, also die Kartellmitglieder, die fortlaufend Werte von denen, die reale Werte erstellen, zu den Geldschöpfern transferieren. Anscheinend begreifen das sogar «*die Reichen*» in «*Gottes eigenem Land*». Laut *Fortune Magazine* gab es in Amerika noch vor fünf Jahren 20 der reichsten 100 Menschen der Welt. Heute sind es nur noch ganze fünf. Ist das eine Wegmarke auf dem Marsch in den Untergang des Imperiums und in einen totalitären Staat, wo die Worte *persönliche Freiheit, geschützte Privatsphäre* und *Schutz des Eigentums* längst ihre ursprüngliche Bedeutung verloren haben und zu reinen Fiktionen verkommen sind, wie Kritiker behaupten? Aber nein doch. *Fiat paper* war schon immer unschlagbar. Es finanziert alle Grosskriege, ausufernde Sozialprogramme, aberwitzige «*Rettungs*»-Aktionen Halbtoter, sowie den Überwachungs- und Wohlfahrtstaat völlig problemlos.

Nobelpreisverdächtig:
Knappheitsprinzip endlich überwunden

Weiter geht's im Takte der Beruhigungspropaganda: Das System der Notenbanken hat das in allen Volkswirtschaftsbüchern auf den ersten Seiten vorgestellte Knappheitsprinzip als einziges System der Welt in wunderbarer Weise völlig überwunden: Man erzeugt soviel Papier- und Digitalgeld, wie das Herz begehrt. Keine Grenzen, nichts ist mehr knapp – genau wie die Dummheit und Gleichgültigkeit der Bürger. Diese klagen oft über ein schlechtes Gedächtnis, aber mit ihrem Verstand sind sie alle hochzufrieden. Gut für die Banker! Auch hat das zentrale Land der Macht auf der Westseite des Atlantik von der Finanzwirtschaft längst auf

Kriegswirtschaft umgestellt. Wenn die USA mit über einer Billion $ jährlich mehr für die Rüstung ausgeben als die übrigen 193 Länder der Welt zusammengenommen, dann ist das eindeutig eine Kriegswirtschaft. Und wenn die letzte Supermacht sich das Ganze auch noch direkt und indirekt vom *Ausland* ganz im Allgemeinen, und von den nachrangigen Vasallenstaaten im Besonderen, voll finanzieren lässt, dann kennt Dummheit der Letzteren wahrhaftig keine Grenzen. Gut für die Mächtigen und sicherlich eines Tages auch gut für Gold!

In der Tat beläuft sich das kumulative Aussenhandelsdefizit der USA seit dem letzten Weltkrieg (der von 1939 bis 1945 dauerte) auf etwa 8 Billionen, die dem Ausland in irgendeiner Form geschuldet werden. Und ziemlich genau derselbe Betrag floss in Rüstung und Kriege. Gab es je etwas Schöneres? Auch Rom liess sich schon seine militärische Macht durch Aussaugung seiner Vasallen finanzieren. *Das ging solange gut, wie der Zufluss der Zwangssteuern und Abgaben der Unterworfenen grösser war, als der Abfluss der ins Militär oder die Empire-Verwaltung geleiteten Geldströme.* Als sich dieses Verhältnis umkehrte, kam das Ende des Imperiums. Viele Mitmenschen, denen selbständiges Denken noch nicht abhanden kam, wittern bereits Morgenluft und sagen das Ende der Geldmacht voraus, aber die Mächtigen glauben sich heute von diesem Wendepunkt der Ströme nicht nur weit entfernt. Nein, sie hoffen ihn nie zu erreichen, *denn hochmoderne Börsen-Computer- und Geldschöpfungsmodelle arbeiten einfach perfekt.* Was soll daher dieser lächerliche Vergleich mit Rom? Oder hat man je von Computer-Stoppkursen, Zinsspreads, progressiven Turbo-Zertifikaten, Squeeze-out Basis-Zertifikate, Zaren-Bonds, REITS, Indexbonds, Straddles, Contango, Backwardation und Derivaten der alten Römer gehört? Statt lederbekleideten Legionären auf steinigen Strassen mit ihren Kurzschwertern verfügt die moderne Geldmacht über atomar hochgerüstete Flugzeugträger, strategische Fernbomber, unbemannte Drohnen und Satelliten, die jeden Gegner, Menschen und schon bald jeden Geldschein aufspüren sowie über eine lebhaft florierende Finanzwirtschaft. U-Boote und Flotten patrouillieren auf allen strategisch wichtigen Meeresrouten in der Nähe grosser Ölquellen, die Massen von Petro-Dollars erzeugen. Der US-Dollar ist *weltweit präsent* und geniesst, genau wie die Fed, allerhöchste

Verehrung. Alles wird mit der grossen Druckmaschine solide finanziert und das Ausland springt nach einem blossen Wink der Fed stets zuverlässig ein. Was sollen da Gold und Silber? Absurde Vorstellungen! Die US-Besatzungsmacht unterhält in etwa 120 Ländern ihre Garnisonen und stürzt sich nach Belieben in ein militärisches Abenteuer nach dem anderen. Die treuen Vasallen liefern ihre Hilfstruppen und Finanz-Abgaben stets pünktlich. Zu dieser Machtfülle und geographisch-imperialen Ausdehnung hatten es die römischen Cäsaren mit ihren primitiven Legionen niemals gebracht.

Doch waren schon damals die Germanen die besten Tributpflichtigen und sorgten als treue Mitkämpfer an erster Stelle für die Aufrechterhaltung des Imperiums. Das ist heute nicht viel anders. Uniformen und Waffen haben sich seither verändert, doch das Grundprinzip in keinster Weise. Beim damaligen imperialen Zusammenbruch spielten echtes Gold und Silber – nicht betrügerisch verdünntes Münzmaterial – am Ende eine *entscheidende Rolle*. Doch heute spielen diese beiden ewigen Metalle keine Rolle mehr. Diese wurde vom modernen, grundehrlichen, inflationär-verdünntem Papiergeld vollumfänglich übernommen. Sind Sie dabei? Horten und stapeln Sie alles Papiergeld, was Sie nur kriegen können. Früher hiess es: «*Got gold? Got silver?*» Heute: «*Got paper?*». Wir leben schliesslich in modernen aufgeklärten Zeiten. Die künstlich im Preis gedrückten Edelmetalle werden sich nach Wegfall des manipulativen Druckes niemals verhalten wie extrem zusammengepresste Stahlfedern. Die Fed und ihre Vasallen sorgen schon für den ewigen Druck. Wozu hätte man denn sonst derivative Instrumente, die präzise in den täglichen Operationen der Finanzchirurgie eingesetzt werden. Mit einem globalen Derivate-Volumen von rund einer Million Milliarden, also einer Billiarde $, hat die Geldmacht, wie schon erwähnt, das die Volkswirtschaften bisher plagende Knappheitsprinzip endgültig überwunden. Das hatte bisher noch niemand geschafft.

Währungsschnitt?

In der Gerüchteküche brodeln wieder einmal die ätzenden Dämpfe. Von einer baldigen dringend erforderlichen *Weltwährungsreform* ist die Rede und das Thema *Währungsschnitt* taucht sporadisch sogar in den streng kontrollierten Massenmedien auf. Ja, es scheint zu stimmen, dass die sieben Staaten südlich von Mexiko eine gemeinsame Währung erhalten und dass der *Golfo* als goldgedeckte Währung der Ölstaaten das Licht der Welt erblicken soll. Und die Gerüchte verdichten sich, dass wir nur noch wenige Schritte weit vom *Amero* entfernt sind, der US- und Kanada-Dollar mit dem mexikanischen Peso verschmelzen wird. Natürlich unter dem glänzenden Stern eines massiven Kaufkraftschnittes – versteht sich. Irgendwie müssen ja Staaten und Regierungen von ihren astronomischen Schuldenbergen herunterkommen, zu deren Zinsbedienung die Steuereinnahmen schon bald nicht mehr ausreichen. Bevor dieser von den *Naturgesetzen* erzwungene Punkt erreicht wird, dürften die Mächtigen mit grosser Entschlossenheit handeln.

Dabei wächst die Wahrscheinlichkeit, dass der IWF die Weltwährung leise und unauffällig durch die Hintertür in Form von *Sonderziehungsrechten* (SZR) einführt, von Woche zu Woche. Diese SZR setzen sich aus den Welt-Hauptwährungen zusammen, wobei der todkranke Dollar krass übergewichtet und überbewertet wird. Nur ein neuer Name, wie *Globo, Sol* oder *Terra* muss noch gefunden werden, und schon ist die neue Weltleitwährung da. Sie soll nach den Plänen der Mächtigen die alleinige Währung des Planeten werden, beherrscht durch eine Art globale Fed, zunächst in Form des IWF, später als neue *Super-Weltnotenbank* umdeklariert. Spätestens dann fällt das Beil des globalen Währungsschnitts.

Dies wird dann dem lieben *Obama*, der von den Medien so erfolgreich zur Messiasgestalt emporstilisiert wurde, der mit «*Change*» warb, und der genau die Mitarbeiter und alten Gesichter um sich versammelt hat, die die Krise wesentlich mit verursachten – eine übergrosse Freude sein. Bei seinen dann per Währungsschnitt oder Hyperinflation zwangsenteigneten Landsleuten, wie auch bei den Bewohnern der massiv dollarisierten Restwelt, denen Konten und Barvermögen dann auf Null oder fast auf Null gestellt würde, könnte sich die Euphorie möglicherweise etwas in Grenzen halten. Aber ein paar Opfer muss eben jeder bringen. Sogar die Bankmanager, deren Boni dann von vielleicht 20 auf 18 Millionen $ pro Mann und Halbjahr dramatisch gekürzt würden. Das Ganze dient doch letztlich einer guten Sache. Ansonsten würde doch die Hochfinanz am Ende noch ein paar Billiärdchen und viel Macht und Kontrolle verlieren. Wo kämen wir denn da hin? Da bleibt man hart! *Obama* arbeitet schliesslich siegessicher mit mehr *Rettungsaktionen*, mehr Wohlfahrt und Steuernachlässen, mehr Sozialprogrammen und Beihilfen, und vor allem mit mehr Bürokratie, Verwaltung und der Schaffung neuer Parasiten aller Art. Das klingt doch beruhigend, oder?

Vertrauensverlust?

Ein bisschen Vertrauensverlust hier oder da? Wen kümmert das schon? Welche Alternativen bleiben denn den Bürger-Schäfchen? Sie müssen auf der Weide mit ihren wild wuchernden Papiergeldgräsern und im System bleiben, wenn sie weiter einkaufen und leben wollen. Die staatliche Allmacht wird sie per Finanzamt weiter scheren, mit oder ohne Vertrauen, und dies bis auf die Haut, notfalls bis aufs Blut. Und sie finden das völlig in Ordnung. Und was sollen das alberne Gerede und die Zweifel über die hochmodernen Finanzinstitute und über fehlende Kontrollen? Tatsächlich haben ja viele Banken Billionen $ an ihren Bilanzen vorbeigeführt. Aber sie gehören ja zum Kartell und das engmaschige Kontrollnetz des Staates wurde nicht für Banken sondern nur für den kleinen Mann geknüpft. Dort fehlt es doch nicht an allerstrengster Kontrolle. Was wollen die Kritiker eigentlich?

Das Vertrauen der Öffentlichkeit hat sich seit der ersten Auflage dieses Buches rapide der Nulllinie genähert. Na und? Repräsentativen Umfragen zufolge hatten im Februar 2009 noch ganze 22% aller Amerikaner Vertrauen ins Finanzsystem, aber auf die Aktienbörsen bezogen waren es immerhin noch stattliche 12%. Das genügt doch. Beachtliche 11% gingen sogar soweit, dass sie ihr Geld von der Bank abholten. Diese Narren! Doch wen interessiert das schon? Leider nimmt das Vertrauen in Gold und Silber von Woche zu Woche zu. Doch handelt es sich hier bestenfalls um eine winzige Minderheit geistig Verwirrter. Falls sie sich zu einer Massenpsychose entwickeln sollte, werden die Zentralbanker korrigierend eingreifen. Lästige Erscheinungen wie diese stören doch das Gesamtsystem nicht. Zwischenzeitlich sollten informative Zwangsimpfungen durch die Medien genügen. Und das ewige Gerede von der Schaffung einer zentralen *bad bank*, die allen Finanzgiftmüll aufsammeln und bis zur Fäulnis-Vollreife ablagern soll, nervt die Vielehe zwischen Bankern und Politikern gewaltig. Aber wir brauchen keine zweite *bad bank*. Wir haben doch schon eine: *Die Fed*!

Unerschöpfliche Trickkiste

Wahrscheinlich ist die Trickkiste, in die die Mächtigen immer wieder greifen, noch längst nicht erschöpft. Doch leider sind all diese grossen Parolen, Thesen, Werbesprüche und «*Erkenntnisse*» der noch grösseren Systemführer von heute – der allergrösste Irrtum von morgen.

Tresorverkäufer haben in USA und Deutschland trotz aller Beschwichtigungsarien der Politsänger Hochkonjunktur und die Münzhändler können sich vor Anfragen kaum retten. **In der Schweiz erwägt die Münzstätte die Wiederaufnahme der 1949 eingestellten Prägung des 20-Franken-Vrenelis, einer Gold-Massenmünze**. Wer noch nicht im Edelmetallsektor engagiert ist, sollte den nächsten Kursrückschlag zum Einstieg nutzen. Es ist noch nicht zu spät und **noch** sind Gold und Silber erhältlich. Die für kommende Jahre zu erwartenden hohen Inflationsschübe könnten die Preise in nicht allzuferner Zukunft, zumindest zeitweilig, in absurde Höhen treiben. Lassen Sie sich nicht von der mit ungeheurer Sicherheit und abstrusen Selbstbewusstsein auftretenden Zentralbankern und Politikern verwirren. Die haben ihr betrügerisches Papiergeldsystem und damit Leben und Macht zu **verlieren**.

Doch die Eigner von Edelmetallen haben nichts zu verlieren, aber ihren Platz an der Sonne zurück zu gewinnen. Wenn Marx einst meinte, dass die ölverschmierten Proletarier in ihren blauen Kitteln nichts zu verlieren hätten ausser ihren Ketten, so haben heute die vom System angeschmierten Anhänger von *König Gold* und Königin Silber nichts zu verlieren, ausser den manipulativen Preis-Ketten der Zentralbanker und Politiker.

Der sogenannte Exchange Stabilization Fund (ESF) tat bisher sein Bestes, den Goldpreis unten zu halten. Er gilt neben dem Plunge Protection Team und den Comex-Manipulatoren als die Speerspitze im Kampf gegen Goldpreissteigerungen. Der mächtige ESF begann seine Arbeit im April 1934 mit einem Anfangs-kapital von 2 Milliarden $, das inzwischen auf etwa 280 oder 300 Milliarden $ angeschwollen ist. Hauptzweck: Den Dollar zu stützen und den Goldpreis zu drücken. Aufgrund des Gold Reserve Acts von 1934 ist der ESF von jeglicher Rechenschaftspflicht gegenüber dem US Kongress befreit. *Damit unterliegt der ESF keinerlei parlamentarischer, öffentlich-rechtlicher oder sonstigen Kontrolle.* Die gewaltigen Mittel können von seinen Lenkern und dem Finanzminister nach Belieben eingesetzt werden. Als ausgewiesene Bevollmächtigte fungiert seit 1962 – wie könnte es anders sein – die kleine private Fed bzw. deren Eigner. Sie führt alle Aufträge der ESF auf allen Märkten der Welt aus, die im Wesentlichen in Interventionen gegen steigende Goldpreise bestehen. Dass es Gold seit 2001 dennoch geschafft hat, trotz der Machenschaften eines so übermächtigen Gegners, in eine noch lange nicht abgeschlossene Hausse einzutreten, spricht für die fundamentale Stärke des Metalles und seiner Anhänger. Doch schafft diese Drückerkolonne unbeabsichtigt neue Chancen. Sie ermöglicht den Einstieg oder Nachkauf zu immer noch sehr niedrigen Preisen. Man sollte daher dem ESF und seinen Hintermännern tief dankbar sein. Irgendwann wird der Unzenpreis dort stehen, wo er im freien Spiel der Marktkräfte wirklich hingehört und dabei Höhen erreichen, die heute noch utopisch erscheinen.

Inzwischen erleidet sogar die ach so sichere und grossartige Europäische Zentralbank (EZB) Milliardenverluste. Die Geschäftsbanken nehmen ihre dort hinterlegten «Wertpapiere» nicht mehr zurück. Den Forderungen aus Refinanzierungsgeschäften seitens der EZB wird nicht mehr nachgekommen. Wie hoch diese Forderungen sind, oder wie gross der Abschreibungsbedarf sein wird, kommt erst ans Tageslicht, wenn die EZB versucht, diese *Unwert-Papiere* zu verkaufen – falls dies überhaupt je möglich ist. Immerhin sind einige der hinterlegenden Banken inzwischen insolvent oder nach Übernahme der kläglichen Reste durch eine andere Bank schlicht verschwunden. Groben Schätzungen zufolge kann es sich – vorläufig – um Summen zwischen 150 und 200 Milliarden € handeln. Die Brüsseler Gelddrucker müssen sich bald schon nicht nur heiss sondern rotglühend laufen und die Mächtigen immer tiefer in die Trickkiste greifen.

Doch selbst diese hat einen Boden. Einem als *streng geheim* eingestuften und nur 17 Seiten langen Positionspapier der Brüsseler EU-Kommission zufolge, belaufen sich die nur von den europäischen Banken gehaltenen faulen Wertpapiere auf knapp 19 Billionen (19 000 Milliarden) €. Das entsprechende Zahlenwerk erscheint ausgesprochen konservativ. Möglicherweise liegen die wahren Zahlen deutlich über den genannten. Hinzu kämen die entsprechenden Fäulnismassen in den USA, Asien, Südamerika und Australien. Der Umfang der europäischen «*Rettungsschirme*» aber liegt im Bereich von 2,7 Billionen €. Selbst damit sind die EU-Finanzhaushalte schon bis zum Bersten weit überfordert, von den weltweit notwendigen Rettungssummen ganz zu schweigen. Bald wird sich zeigen, was noch an *Tricks* in der stark abgegriffenen Kiste verbleibt. Lediglich massive Währungsschnitte und/oder Krieg scheinen sich als letztmögliche Alternativen anzubieten. Wie genau sehen die möglichen Alternativen künftiger Politik aus?

Drei Alternativen

Grundsätzlich gibt es drei Alternativen, und für *alle drei werden uns künftige Generationen verachten und beschimpfen*:

1

Die neueste Papiergeldschwemme könnte die Märkte beruhigen

Die Spekulation wird wieder aufleben, denn die Massen des billigen Geldes finden in der Realwirtschaft keinen sicheren Hafen mehr. Der Hafen ist viel zu klein, um diese Mengen zu absorbieren. Und er bietet, wenn überhaupt noch, höchst spärliche Renditen mit Amortisationen über viel zu lange Zeitspannen hinweg. Eine Zeitlang steigen Aktien und Dollar aber wieder und die Konjunktur stoppt ihren freien Fall, vielleicht sogar mit zaghafter Erholung. Die Wirksamkeit der Geldschwemme aber bleibt unter dem Strich gering, weil die Erwartungen negativ sind und die Wirtschaft unter massiven Überkapazitäten leidet. Allein die Automobilbranche plant, um weltweite Massenentlassungen zu vermeiden, etwa 60 Millionen Fahrzeuge herzustellen, von denen jedoch nur ungefähr 35 Millionen unter den gegenwärtigen Bedingungen absetzbar sind. Ausserdem wird der Grossteil der Liquiditätsmassen in den Kassen gehortet oder in Bankkellern gebunkert, und nur in geringem Masse und unter strengsten und für den Kreditnehmer höchst ungünstigen Auflagen zur Projektfinanzierung ausgereicht.

Diese geringe Schlagkraft der Kreditpolitik wird durch weites Öffnen der staatlichen Ausgabenschleusen ausgeglichen. Keynes lässt grüssen. Doch diese Ausgabenprogramme auf Pump erzeugen erfahrungsgemäss nur ein kurzes Strohfeuer. Die Nachhaltigkeit fehlt und die Schulden drücken. Einen solchen falschen Aufschwung begraben schon bald gewaltige Brandungswellen des Inflationsozeans unter sich.

Die neue Obama-Regierung wartete mit einem erstaunlichen Budget-Entwurf auf, der Freunde wie Gegner gleichermassen verwirrt. Diesem zufolge soll das Haushaltsdefizit von 459 Milliarden $ 2008 auf beachtliche 1752 Milliarden $ 2009 steigen. 2010 wird mit 1171 und 2011 «*nur noch*» mit 912 Milliarden $ kalkuliert. Die Verschuldung der Bundesregierung, ohne Bundesstaaten, Städte und Gemeinden, Unternehmen, Organisationen und Privatpersonen soll zwischen 2008 und 2012 von 9986 auf 16 193 Milliarden $ sanft ansteigen. Diese Zahlen entspringen reinem wählerwirksamen Wunschdenken der Politgrössen. 2012 dürfte, wegen der unbarmherzigen Wirkung des Zins- und Zinseszinssystems eher eine Grössenordnung von 30 000 bis 40 000 Milliarden $ erreicht sein, falls das System nicht schon vorher zusammenbricht.

Derzeit wird also an einem Kartenhaus herumgebastelt, dass nur auf einen leichten Windstoss wartet. Dieses Schuldenmassiv kann am Ende nicht mehr mit Zinsen bedient werden. Die Steuereinnahmen reichen dann einfach nicht mehr aus. Es bleibt nur das Hinweginflationieren im *Hyperspace* oder der offene schlagartige satte Staatsbankrott in Form eines brutalen Währungsschnitts. Doch bis dahin könnte noch eine gewisse Karenzzeit verstreichen. Bankenwohltäter und Zentralbankenfreund *Obama* tut ja was er kann. Unbeabsichtigterweise hilft er dadurch, zumindest mittel- und langfristig, den Edelmetallen und deren Freunden.

2

Die Papiergeldüberflutung verpufft leer im Raum

Dies war die bittere Erfahrung der Japaner, deren Wirtschaft nach fast 20 Jahren Nullzins, Geldschwemme und der höchsten Verschuldung der Welt mit etwa 190% des BIP, gerade am Kollabieren ist. Ihre lebenserhaltenden Exporte sind Anfang 2009 um beinahe die Hälfte und die Industrieproduktion um etwa ein Drittel eingebrochen. Ähnliches erwartet uns. Eine *Währungsreform*, sprich: Enteignung der Bürger per Kaufkraftschwund, würde dem Volk schon bald mehr oder weniger geschickt verkauft. Denn jede Währung ohne Gold- und/oder Silberdeckung gleicht einer Spannbrücke ohne jeden Träger.

Japan ist, wie gesagt, ein leuchtendes Beispiel für *Variante 2* und dürfte uns schon bald mit neuen Horrormeldungen beglücken. Sollten uns die Finanzgötter die *Varianten 1* oder *2* versagen, bleibt immer noch Alternative

3

Ein angezettelter Grosskrieg

Ein per künstlich erschaffenem Grund angezettelter Grosskrieg, der von den wahren Schuldigen ablenkt, den Volkszorn auf (un-schuldige) Sündenböcke richtet, Schulden- und Finanzprobleme sofort verblassen lässt und den totalitären Weltstaat näher rückt. Diese Alternative dürfte Gold und Silber am stärksten in luftige Preishöhen treiben, allerdings in gewissen Ländern auch ein *Goldverbot* für Private wahrscheinlicher machen.

Doch weder die *Alternative 1* noch *2* noch *3* können die Götterdämmerung des Weltpapiergeldsystems und ihrer Schwindel-Leitwährung auf Dauer aufhalten. Der Crash-Wolf fängt sich die scheuen Geld-Rehe immer. Es gab da keine Ausnahme in der Geschichte. Alle ungedeckten Papiergeldsysteme, die es je gab, stellten sich am Ende ohne Ausnahme auf Null. Lediglich die Wege bis zum unvermeidlichen Exitus sind verschieden lang.

Freiheit durch Gold

Der *Wirtschafts-Patient ist todkrank und leidet an Herz-Lungen-Nierenversagen, doch der Fed-Arzt verlangt, dass er den Mount Everest besteigt*! Wann wird der Patient endlich umkippen?

Die **Variante 1** verschafft die längste Zeitspanne bis zum finalen Crash und entsprechend mehr zielgerichtete Vorbereitungszeit.

Die **Variante 2** lässt weniger Zeit für den Ausbau der Edelmetallreserven, und der Verarmungsprozess der Bevölkerung macht rasche Fortschritte.

Die **Variante 3** bedeutet das augenblickliche Ende der Papiergeldillusion. Für alle sichtbar wird dann mit Kriegs-Zwangsanleihen, Devisenbewirtschaftung, Preiskontrollen, Kriegsrecht und *Terrorismus-Notständen* in einer brutalen Mangelwirtschaft regiert. Das Weltreich von Brutopia mit seinem *Grossen Bruder* würde dann solide errichtet. Der laut *Merkel* dringend zu schaffende *Weltwirtschaftsrat* würde sofort zum *Weltwirtschafts-* und *Finanzministerium* der neuen allmächtigen Weltregierung umbenannt. Die Elite hätte ihr grosses Ziel der *Neuen Weltordnung* endlich erreicht.

Beschneidung der globalen Bankenaristokratie

Für die Überwindung der Krise reicht die oberflächliche Behandlung mit den diversen Finanzdrogen – wie Zinssenkungen, Kreditschöpfung, Absichtserklärungen zu mehr «Aufsicht», Geröllverschiebungen unter den Derivategletschern, Geldmengenausweitungen, staatlich gegängelte Ratingagenturen, Liquiditätsinjektionen und Nivellierung finanzieller Standards – nicht mehr aus. Solange das Fehlverhalten der Eliten unangetastet bleibt, dürfte eine systemische Heilung unmöglich bleiben. Die globale Bankenaristokratie wird national zwar ansatzweise und sporadisch reguliert, agiert aber auf internationaler Weise völlig unkontrolliert und ungehemmt weiter. Daher auch ihre Vorliebe für die *Globalisierung*. Die nationale Kundschaft ist nur Mittel zum Zweck für Machterhalt und -ausweitung. Stellen sich Riesenverluste ein, wird die Vollkaskohaftung in Form national abgegebener *Garantien* und gewaltiger *Rettungspakete* wie selbstverständlich in Anspruch genommen. Deren Haftungsmasse scheint unerschöpflich und der

Zugriff ist dank der mit Politik beschäftigten Kartell-Brüder und -Schwestern vollumfänglich garantiert.

Grundsätzlich wackelt hier der globale kleine Schwanz einer zahlenmässig winzigen Papiergeld-Aristokratie mit dem grossen nationalen Hund der freiheitlichen Gesellschaftssysteme. **Die Bankenaristokratien mit ihren Hochburgen der Zentralbanken sind eindeutig nicht-demokratische Gebilde.** Ihre unvorstellbare Machtfülle unterliegt nicht der geringsten Kontrolle durch ein Wahlvolk. Eine Begrenzung dieser Globalaristokratie und die Beschneidung ihrer Machtfülle auf eine Grösse, die wieder den Interessen nationaler Volkswirtschaften und deren Bürger, und nicht den von der Realwirtschaft völlig losgelösten Eigeninteressen dieser abgehobenen Elite dient, ist die absolute *Vorbedingung* für einen Gesundungsprozess der tödlich kranken Finanz- und Wirtschaftssysteme. Und die Naturheilmittel Gold und Silber dürften dabei eine führende Rolle spielen. Deren Rückführung in das bald zu schaffende neue Währungssystem würde diesem Glaubwürdigkeit verschaffen. Einzelheiten und Zeitpunkt dieser auf die Restaurierung des weltweit geschwundenen Vertrauens in Währungen, Zentralbanken und Finanzsystem abzielenden Notmassnahme bleiben vorerst noch unbekannt. Möglicherweise wird die Elite den Edelmetallen sogar wieder eine Rolle zuweisen, um das verlorene Vertrauen der Bevölkerung, die vom Papiergeld-Spuk genug hat, zurück zu gewinnen?

Lässt sie die Zügel schleifen, gerät die Situation für die Mächtigen ausser Kontrolle und gefährdet ihre Existenz. Die Dimensionen der Schulden und Rettungsaktionen haben astronomische Grössenordnungen erreicht. Hier helfen kosmetische Tupfer der Fiskal- und Finanzpolitik nicht mehr. Die Führenden *wissen* dies sehr genau. Sie müssen und werden daher bald etwas *Massives* in Bewegung setzen, um im Kontrollsitz zu verbleiben. Die Zeiten kosmetischer Klein-Korrekturen sind jedenfalls vorbei. Diese wirkten und griffen einst in einer Welt, die es heute nicht mehr gibt. In einer schweren Depression gelten andere Gesetze als in einer einfachen Rezession. Krebs ist nicht gleich Grippe. Radikalisierte und extreme Situationen verlangen radikale Lösungen. Etwas *Ganz Grosses*, ein *Fundamentalereignis* bahnt sich an. Sein fauler Geruch liegt schon in der Luft. Auch kann man laut Abraham Lincoln *«alle Leute eine Zeitlang oder einige Leute für alle Zeiten – aber niemals alle Leute für alle Zeiten für dumm verkaufen und täuschen».* Die Naturgesetze sind immer noch in Kraft und die Zentralbank-Eliten sind zwar mächtig, aber nicht allmächtig!

Johann Wolfgang von Goethe würde heute wohl eher als *Finanz-Kabarettist* auftreten und zeitgemäss reimen:

«Von Gewinn hörst du kaum einen Hauch
Die Banken schweigen im Walde
Warte nur, balde
Kriselst du auch!»

Doch diese Warnung gilt nur für die auf den kommenden Wandel nicht Vorbereiteten. Auch wird ein solcher Wandel allen fleissigen, heute durch Inflation verarmten Mitmenschen zugute kommen.

Ich wünsche allen neuen Lesern viele eigene Gedanken, Entschlüsse und Einsichten sowie finanzielle Liquidität – allen Unvorbereiteten, die noch kein Gold und Silber besitzen, einen anonymen und kapitalstarken Einstieg – und allen Edelmetall-Eignern eine markante Erweiterung ihrer physischen Reserven. Dies dient weniger den Papiergewinnen sondern der *Kaufkraftsicherung*. Nicht vergessen: Edelmetalle sollten nicht als Spekulationsobjekte behandelt werden. Sie sind eine Versicherung und es gibt weltweit keine bessere.

Und bleiben Sie Papiergold und Papiersilber fern! Dies sind blosse Versprechen auf reale Werte, und alle Versprechen in einem Papiergeldsystem werden gebrochen. Immer!

Für alle gilt: Bleiben Sie standhaft und haben Sie trotz aller noch zu erwartenden Rückschläge Vertrauen, in sich selbst, Ihr eigenes selbständiges Denken, und in die niemals ausser Kraft zu setzenden ökonomischen Gesetze. *Wirtschaftliche Vernunft wird am Ende siegen.* Die Menschen werden das krebskranke, elitäre und unehrliche Finanz-System mit seinen verheerenden Folgen für die Gesellschaft beenden. Dies ist keine Frage des *Ob* sondern nur eine des *Wann*!

Gold: Kaufkraft-Tabelle I
14. November 2008 (1. Auflage)

1 Kilo (1000 Gramm)	1 Gramm	1 Unze (31.1 Gramm)
28 500 CHF	28,50 CHF	886 CHF
18 850 Euro	18,85 Euro	586 Euro
23 950 USD	23,95 USD	745 USD
2 321 900 Yen	2322 Yen	72 214 Yen
16 131 GBP	16,13 GBP	502 GBP

Währungen: Kreuzparitäten

	CHF	USD	Euro	Yen	GBP
1 CHF	*	0,84078	0,6616	81,47	0,5660
1 USD	1,19	*	0,7867	96,89	0,6727
1 Euro	1,5115	1,2711	*	123,16	0,8548
100 Yen	1,2274	1,0321	0,8120	*	0,6946
1 GBP	1,7668	1,4864	1,1698	143,97	*

Soviele Gramm Gold mussten Sie am 14. November 2008 für folgende
Werte bezahlen:

	Gramm
Dow Jones (8500 Punkte, in Bezug auf USD)	355
SMI – Swiss Market Index (5834 Punkte, in Bezug auf CHF)	204
DAX, Deutschland (4710 Punkte, in Bezug auf €)	249
Nikkei 225, Japan (8462, in Bezug auf Yen)	3,64
Novartis Aktie (58,90 CHF)	2,06
Nestlé Aktie (45,56 CHF)	1,60
Deutsche Bank Aktie (24,51 €)	1,30
Münchner Rück Aktie (104,63 €)	5,55
3-Zimmer-Wohnung in Bern, Monatsmiete (CHF 1500)	52,63
Haus in Deutschland, Durchschnitt (250 000 €)	13 262
1 Kilo Ruchbrot (2,20 CHF)	0,077
100 Liter Heizöl in Deutschland (75 €)	3,97
Mercedes C250 CDI (43 120 €)	2'287

Wann immer Sie die aktuellen Preise mit denjenigen vom 14. November
2008 oder 23. Juli 2010 vergleichen: Brauchen Sie weniger Gramm Gold
um eines der Beispiele zu kaufen, hat die Kaufkraft von Gold zugenommen.

Gold: Kaufkraft-Tabelle II
23. Juli 2010 (3. Auflage)

1 Kilo (1000 Gramm)	1 Gramm	1 Unze (31,1 Gramm)
40 400 CHF	40,40 CHF	1256 CHF
29 920 Euro	29,92 Euro	931 Euro
38 546 USD	38,55 USD	1198 Dollars
3 371 000 Yen	3 371 Yen	104 838 Yen
25 012 GBP	25,01 GBP	778 GBP

Währungen: Kreuzparitäten

	CHF	USD	Euro	Yen	GBP
1 CHF	*	0,9541	0,7398	83,33	0,6183
1 USD	1,0481	*	0,7761	87,42	0,6486
1 Euro	1,3502	1,2880	*	112,63	0,8356
100 Yen	1,1984	1,1435	0,8875	*	0,7417
1 GBP	1,6152	1,5418	1,1961	134,76	*

Soviele Gramm Gold mussten Sie am 23. Juli 2010 für folgende Werte bezahlen:

		Gramm
Dow Jones (10 330 Punkte, in Bezug auf USD)	(10 330 : 38,55)	268
SMI – Swiss Market Index (6201 Punkte, in Bezug auf CHF)	(6201 : 40,40)	153
DAX, Deutschland (6166 Punkte, in Bezug auf €)	(6166 : 29,92)	206
Nikkei 225, Japan (9430 Punkte, in Bezug auf Yen)	(9430 : 3371)	2,78
Novartis Aktie (51,80 CHF)	(51,80 : 40,40)	1,28
Nestlé Aktie (53,70 CHF)	(53,70 : 40,40)	1,33
Deutsche Bank (49,75 €)	(49,75 : 29,92)	1,66
Münchner Rück Aktie (106,10 €)	(106,10 : 29,92)	3,54
3-Zimmer-Wohnung in Bern, Monatsmiete (CHF 1500)	(1500 : 40,40)	37,12
Haus in Deutschland, Durchschnitt (250 000 €)	(250 000 : 29,92)	8'355
1 Kilo Ruchbrot (2,20 CHF)	(2,20 : 40,40)	0,054
100 Liter Heizöl in Deutschland (67,10 €)	(67,10 : 29,92)	2,24
Mercedes C250 CDI (40 639 €)	(40 639 : 29,92)	1'358

Vergleichen Sie bitte die beiden Tabellen: Innert 20 Monaten hat die Kaufkraft von Gold in 12 von 13 Beispielen z.T. dramatisch gewonnen!

Sachbücher

Geldsozialismus
Die wirklichen Ursachen der neuen
globalen Depression

Roland Baader
Resch-Verlag
13,90 €
ISBN: 978-3-935197-57-1

Weltweit haben nur wenige Ökonomen die aktuelle Weltfinanzkrise vorhergesehen. Diese wenigen entstammen allesamt der sog. «Österreichischen Schule» (Austrian Economics), deren bekanntester Vertreter der Nobelpreisträger Friedrich A. von Hayek ist. Dieser hatte schon 1976 dringlich die Abkehr vom staatsmonopolistischen Papiergeld gefordert, eine «Entnationalisierung des Geldes». Davon, so Hayek, könne nicht weniger als das Überleben der Zivilisation abhängen.

Roland Baader, Diplom-Volkswirt und Hayek-Schüler, ist herausragender Vertreter der Österreichischen Schule in Deutschland. Wie etliche «Austrians» in den USA, hat Baader in Deutschland die 2007 ausgebrochene Weltfinanzkrise präzise vorhergesagt. Seinem Buch «*Geld, Gold und Gottspieler*» aus dem Jahre 2005 hatte er den Untertitel «Am Vorabend der nächsten Weltwirtschaftskrise» gegeben.

Im Gegensatz zu den irrtümlichen und vom inflationistischen (Keynesianischen) Zeitgeist geprägten Theorien, welche die wirtschaftswissenschaftlichen Fakultäten und die Medien auf dem ganzen Globus beherrschen, haben bislang nur die Ökonomen der Austrian Economics die wahren Ursachen der laufenden Weltdepression herausgeschält. Und weil ihre Diagnosen zutreffend und logisch zwingend sind, zeigen auch ihre Therapievorschläge den einzig wirksamen Weg auf, wie die westlichen Industrienationen einem drohenden Verarmungs- und Zerfallsprozess unvorstellbaren Ausmasses entkommen könnten.

Wir stehen erst am Anfang einer beispiellosen Weltdepression, und nur der rasche Übergang zu einem stabilen Privatgeld kann uns vor dem Schlimmsten bewahren. Baader zeigt beides, die Ursachenanalyse und die Rettungschancen, mit wissenschaftlicher Präzision, aber auch so allgemeinverständlich formuliert, wie das alle seine Schriften auszeichnet. Dieses Buch, sein sechszehntes, ist der vielleicht letzte und zutiefst aufrüttelnde Warnruf des grossen Freiheitsdenkers deutscher Sprache.

Geld, Gold und Gottspieler
Am Vorabend der nächsten Weltwirtschaftskrise

Roland Baader
Resch, 2. Auflage 2005, 344 Seiten,
gebunden mit Schutzumschlag
29,90 €
ISBN: 978-3-935197-30-4
Taschenbuch, 18,90 €
ISBN: 978-3-935197-42-7

Roland Baader hatte vor mehr als 12 Jahren prognostiziert, dass der Sozialstaat nicht zu halten ist, heute belegt er, dass das Staatsmonopol Geld die Industrieländer in die schwerste Wirtschaftskrise führen wird. Das falsche Geld als Ursache der rasanten Staatsverschuldung und damit Ursache einer nicht mehr zu bewältigenden Krise wird von den wenigsten Ökonomen erkannt. *Baader* weist nach, es ist nicht der freie Markt der versagt, sondern das falsche, weil staatliche Geld, das den Wirtschaftskreislauf vergiftet. Es handelt sich in Wahrheit um ein aus dem Nichts geschaffenes Geld. «*Es werde Geld*», so als ob der Mensch *Gott* spielen wolle.

Es wird verkannt, dass auch ein Tauschmittel einen realen Wert besitzen muss, um es vor der beliebigen Vermehrbarkeit zu schützen.

Baader bleibt nicht bei dem Kollaps stehen, sondern er zeigt Wege auf, wie – obwohl es 5 Minuten vor 12 ist – Lösungen gefunden werden können. Wer dieses Buch gelesen hat, wird ein neues Verständnis der zentralen ökonomischen Zusammenhänge finden. Die einfache und markante Sprache erleichtert es auch dem Nichtfachmann die Zusammenhänge zu begreifen.

Markt und Moral
Neuentdeckung der Gründerväter

Franz Kromka
Lichtschlag Nr. 14
1. Auflage 2008, 240 Seiten, Leinen,
29,90 €
ISBN: 978-3-939562-14-6

Franz Kromka, Soziologie-Professor an der Universität Hohenheim, erklärt, warum wir uns jetzt auf die Konzepte unserer marktwirtschaftlichen Gründungsväter rückbesinnen sollten.

Geld
Schweizer Münzen und Banknoten
als unbestechliche Zeitzeugen

Johannes Müller
Verlag Johannes Müller Bern
Fachgeschäft für Numismatik und Philatelie
Neuengasse 38, Postfach 7357, 3001 Bern
1. Auflage 2007, zahlreiche Farbabbildungen,
Broschiert, Format A5, 64 Seiten
12,00 CHF • 8,00 €
ISBN: 978-3-9523315-0-7

«Das schlechte Geld verdrängt immer das gute Geld» – Dieser Automatismus zieht sich wie ein roter Faden durch die Geldgeschichte und so ist es kein Zufall, dass heute das denkbar schlechteste Geld zikuliert, nämlich *ungedecktes Papiergeld* und vor allem *Kreditgeld*. Obschon fast alle Bereiche unserer Gesellschaft in irgendeiner Form mit Geld verbunden sind, wissen erstaunlich wenige Menschen, was heutiges Geld eigentlich ist.

Der Autor bringt die *Numismatik* nicht nur in einen geschichtlichen, sondern auch in einen gesellschaftlichen Zusammenhang. Ebenso wagt er sich an die aktuelle Zeitgeschichte und zeigt in einer klaren Sprache die möglichen Auswirkungen der heutigen Kreditwirtschaft auf. Dass dabei unkonventionelle Denkmuster angewandt wurden, mag einzelne Leser verunsichern, andere jedoch könnten dazu animiert werden, dem Thema *Geld* tiefere Gedanken zu widmen und sich dabei allenfalls auch von der Geschichte beraten zu lassen.

Krankes Geld – Kranke Welt
Analyse und Therapie
der globalen Depression

Gregor Hochreiter
Resch, 2010
Broschiert
19,90 €

Mit milliardenschweren Rettungspaketen versuchen Regierungen und Zentralbanken seit geraumer Zeit gegen die Wirtschaftskrise vorzugehen. Doch diese Massnahmen wirken nur aufschiebend und werden die Rezession zu einem späteren Zeitpunkt umso schärfen ausfallen lassen, argumentiert der Ökonom und Buchautor Mag. Gregor Hochreiter. Die Wurzel des Übels, so Hochreiter, liege in der beständigen Ausweitung der ungedeckten Geldmenge über den Kreditmarkt. In diesem soeben erschienenen Buch «Krankes Geld – Kranke Welt» beschreibt Hochreiter in für Laien verständlicher Sprache die ökonomischen Hintergründe und Dynamiken der Wirtschaftskrise und wie diese die privaten Ersparnisse und das Gemeinwohl bedrohen. Er zeigt, welche wirtschaftspolitischen Massnahmen zur Therapie des konjunkturellen Auf und Ab geeignet sind.

Die Ausgangslage: Seit Jahrzehnten flutet das moderne Bankensystem die Märkte mit inflationären Scheinwerten in immer höheren Dosen. Der permanente Wertverlust des Geldes ist nur eine der Folgen dieser durch und durch kurzsichtigen Politik. Sie verteilt zudem in grossem Stile Vermögen um und trägt so zur Destabilisierung des gesellschaftlichen Gefüges bei.

Gestützt auf den Ansatz der «Wiener Schule der Ökonomie» (Ludwig von Mises, Friedrich A. von Hayek, Guido Hülsmann) legt Hochreiter dar, wie die Inflationierung zunächst einen Boom hervorruft, doch den Keim der Rezession von Beginn an in sich trägt. Der Boom entpuppt sich nicht als Segen, sondern Erkrankung. Eine Rezession liesse die Wirtschaft wieder gesunden, doch die Rezession mit Zinsensenkungen zu bekämpfen, heisst das Feuer mit Benzin zu löschen. Der Autor beleuchtet auch die Hintergründe der weithin missverstanden «Grossen Depression» der 30er Jahre. Er zeigt, wie mit den Methoden der «Wiener Schule», der dem Mainstream aus Keynesianismus und Monetarismus fundamental widerspricht, die Lösung ausgesehen hätte. Der extrem verengte wirtschaftspolitische Diskussionsrahmen erfährt so die dringend nötige Aufweitung.

Im letzten Teil begründet der Autor die erforderlichen wirtschaftspolitischen Massnahmen, die zur Überwindung der Wirtschaftskrise zu ergreifen sind; dazu gehört, die Krise nicht mit den Mitteln zu bekämpfen, die zur Ursache der Krise zählen. Hochreiter spricht auch einen zur Zeit vehement diskutierten Gedanken an: Das seit der Mitte des 19. Jahrhunderts bestehende inflationäre Bankensystem ist nicht nur ökonomisch bankrott. So weist der Autor abschliessend auf die enge Verbindung zwischen den der Wirtschaftskrise zugrundeliegenden ökonomischen Scheinwerten und dem moralischen Werteverfall hin. Nicht nur im Umgang mit dem Geld begnügen wir uns mit Scheinwerten, weil Quantität statt Qualität die verkehrte Devise der Gegenwart lautet. Statt sich mit dem Schein zufrieden zu geben, sollten wir es wagen, die Ursachen aufzuzeigen. Dazu leistet die Analyse von Hochreiter einen unverzichtbaren Beitrag. In den USA hat bereits in einigen einflussreichen Kreisen dieses Umdenken eingesetzt. Es wäre zu wünschen, dass in Europa die Zusammenhänge erkannt werden und argumentativ um das richtige System gerungen wird.

Befreit die Welt von der US-Notenbank!
Warum die Federal Reserve abgeschafft werden muss

Ron Paul
Kopp Verlag 2010, gebundene Ausgabe
16,95 €

Die Fed ist korrupt und verfassungswidrig...
... diese These untermauert der US-Kongress-
abgeordnete Ron Paul in seinem Buch «Befreit
die Welt von der US-Notenbank!». Er bezieht
sich auf die amerikanische Geschichte und
die Wirtschaftswissenschaft, vor allem aber
liefert er faszinierende Berichte aus seiner
eigenen langjährigen politischen Tätigkeit.
Die Fed inflationiert die Währung in einem Masse fast wie einstmals in
Weimar oder heute in Zimbabwe, sie droht die Welt damit in eine Depression zu stürzen, in der selbst 100-Dollar-Scheine nur noch wertloses
Papier darstellen. Kaum jemand ist sich darüber im Klaren, dass die Fed
– die einst von den Morgans und Rockefellers in einem privaten Club
vor der Küste von Georgia ins Leben gerufen wurde – den persönlichen
Interessen der Bürger entgegenwirkt. Pauls Appell an die Bürger und an
die Vertreter von Staat und Regierung macht uns eindringlich klar, was
falsch gelaufen ist und was nun unternommen werden muss, um die
Weltwirtschaft im Interesse der kommenden Generationen wieder auf
den richtigen Kurs zu bringen.

Im Schatten der Finanzkrise
Muss das staatliche Zentralbankwesen abgeschafft werden?

Peter Altmiks (Hg.)
OLZOG Verlag 2010, gebundene Ausgabe
18,00 €

Schon 1358 hatte der französische Bischof
Nicolas von Oresme erkannt, dass künstliche
Ausweitungen der Geldmenge vor allem von
den Währungshütern selbst betrieben werden.
Diese seien für Handel und Wirtschaft schädlich und bedrohten sogar die
Zivilisation. Und 1859 schrieb Friedrich Wilhelm Raiffeisen: «Es schreit
die ganze Welt nach Geld, und zwar nach möglichst billigem Gelde.
Je leichter, je mehr und je billiger dieses erlangt wird, umso schlimmer
werden die Zustände werden.»

Die Politik des billigen Geldes hat fatale Konsequenzen, wie die gegenwärtige Finanzkrise schmerzlich verdeutlicht. Wenn staatliche Zentralbanken die Krise wieder mit einer Niedrigzinspolitik bekämpfen, ist die nächste Blase vorprogrammiert.

Andreas Hoffmann, Jörg Guido Hülsmann, Ekkehard A. Köhler, Thorsten Polleit, Frank Schäffler, George Selgin, Norbert F. Tofall und Lawrence H. White analysieren nicht nur die Rolle der Zentralbanken bei der Entstehung der Finanzkrise, sondern zeigen auch Lösungsmöglichkeiten auf, wie man vom schlechten zu gutem Geld gelangt.

Das Schein-Geld-System
Wie der Staat unser Geld zerstört

Murray Newton Rothbard.
Resch 2005, Taschenbuch
14,32 €

Die Diskussion über die Europäische Währungsunion hat sich in viel zu eng gesteckten Bahnen vollzogen. Europas Bürger haben in der Tat nicht nur die Wahl zwischen einem nationalstaatlichen und einem europastaatlichen Papiergeld. Grundsätzlich steht jedes Gemeinwesen vor der Wahl, ob es überhaupt ein Geld des Staates oder ein Geld des Marktes haben will. Dies ist die Kernaussage von Murray Newton Rothbards Buch, das von der Liberalen Akademie Berlin in Zusammenarbeit mit dem Resch-Verlag nun erstmals in deutscher Sprache herausgegeben wurde. Was Rothbard über die Rolle des Staates im Geldwesen sagt, ist überzeugend und ernüchternd. Niemand, der «*Das Schein-Geld-System*» gelesen hat, wird über Geld weiterhin so staatsorientiert denken wie zuvor. Für Rothbard lautet die Kernfrage zum Geld nicht, ob die staatliche Geldpolitik besser das Preisniveau oder die Geldmenge stabilisieren sollte. Sie lautet vielmehr, ob es im Geldwesen überhaupt eine Rolle für den Staat gibt. Wer dem Staat das Geld anvertraut, öffnet Tür und Tor für eine totalitäre Kontrolle der Gesellschaft durch jene Interessengruppen, die innerhalb des jeweiligen Staatsapparates den Ton angeben. Die Folgen sind Wirtschafts- und Währungskrisen und der ständige und zum Teil dramatische Preisverfall unserer Währungen.

Geldreform
Vom schlechten Staatsgeld
zum guten Marktgeld

Thorsten Polleit, Michael von Prollius
Lichtschlag 2010
Gebundene Ausgabe • 15,90 €

Frank Schäffler, Abgeordneter im Deutschen
Bundestag und Obmann der FDP-Fraktion im
Finanzausschuss, schreibt zu diesem Buch:
  Alle wichtigen Währungen der Welt sind
staatliches Zwangsgeld. Staatsgeld ist ethisch
defekt und inflationär. Es sorgt für Wirtschafts- und Finanzkrisen. Und es
mündet in eine Überschuldungsklemme, welche die freiheitliche Gesellschaftsordnung gefährdet. Das internationale Kreditmarktfiasko wurde
durch das staatliche Geldmonopol verursacht.
  Thorsten Polleit und Michael von Prollius geben eine klare und ver-
ständliche Analyse der Krisenursache. Sie zeigen nicht nur verständlich
auf, welch zerstörerische Wirkung das Staatsgeldsystem für die Marktwirtschaft hat. Sie weisen auch den Weg aus der Misere: die Rückkehr
zu freiem Marktgeld.

Die Ethik der Geldproduktion
Edition Sonderwege bei Manuscriptum

Jörg Guido Hülsmann
ISBN: 978-3-937801-19-3 • 24,80 €

Unsere modernen *Währungssysteme* wurden geschaffen, um Krisen zu bekämpfen
und Wohlstand zu sichern. Aber die Finanzmärkte brechen immer wieder ein; es herrscht
fortwährend Alarmstimmung. Liegt hier ein
Fehler im System? Wir sind es nicht gewohnt,
die Geldproduktion als eine Industrie wie jede andere zu betrachten,
aber *Jörg Guido Hülsmann* zeigt, dass sie mit den üblichen Mitteln der
Ökonomie und der rationalen Ethik untersucht werden kann. Er beschreibt
die sozialen, kulturellen und spirituellen Folgen dauerhafter *Inflation* und
erklärt die Funktionsweise von nationalen und internationalen Währungs-
systemen. *Hülsmann* argumentiert, u. a. auf der Grundlage der christlichen
Morallehre, dass die heutigen Formen der Geldproduktion ökonomisch und
ethisch anfechtbar sind. Unser Währungssystem erzeugt *ungerechte Einkommen*, vernichtet Wohlstand, zerrüttet die moralischen Grundlagen der
Gesellschaft und führt letzten Endes zu Hyperinflation oder *Totalitarismus*.

Liberalismus
Mit einer Einführung
von Hans-Hermann Hoppe

Ludwig von Mises
Hrsg. vom Liberalen Institut der Friedrich-
Naumann-Stiftung.
4. Auflage, 2006, 224 Seiten
Format: 14,8 x 21 cm • 15,00 €
ISBN: 978-3-89665-385-7
(Klassiker der Freiheit Bd. 1)

In einer Zeit, in der Europa den Glauben an Freiheit und Demokratie verloren hatte, gehörte der österreichische Ökonom *Ludwig von Mises* (1881–1973) zu den wenigen Intellektuellen, die das Ideal des Liberalismus entschieden verteidigten. Sein Buch *Liberalismus* aus dem Jahre 1927 ist ein umfassendes Plädoyer für eine freiheitliche Wirtschafts- und Gesellschaftsordnung, in dem Mises, der vor den Nazis ins amerikanische Exil fliehen musste, vor allem die kaum wahrnehmbaren Bedrohungen aufzeigt, die sich aus der allmählichen Ausweitung jedweder Staatstätigkeit ergeben.

Die *Friedrich-Naumann-Stiftung* hat sich entschlossen, mit dem Nachdruck der Originalausgabe dieses Buches einen zu Unrecht vergessenen Klassiker wieder zugänglich zu machen. Die Ausgabe wurde mit einer neuen Einführung von *Hans-Hermann Hoppe* versehen.

Theorie des Geldes und der Umlaufsmittel

Ludwig von Mises
Duncker & Humblot, 2005
Broschiert • 58,00 €

«Niemand weiss besser als wir Nationalökonomen, was unserer Wissenschaft fehlt, und niemand empfindet ihre Lücken und Mängel schmerzlicher als wir. Doch das, was die Politik des letzten Jahrzehntes an theoretischer Einsicht benötigt hat, hätte sie von der Nationalökonomie lernen können.»

Aus dem Vorwort zur zweiten Auflage, 1924:
Die Ideen Ludwig von Mises bezüglich institutioneller Regelungen und geldpolitischer Massnahmen haben auch im beginnenden 21. Jahrhundert nichts an Aktualität eingebüsst.

Sein seinerzeit bahnbrechendes und auch heute noch lesenswertes Hauptwerk zur Geld- und Konjunkturpolitik von 1912 liegt nun in einem unveränderten Nachdruck der überarbeiteten zweiten Auflage von 1924 vor.

Die Pervertierung der Marktwirtschaft
Der Weg in die Staatswirtschaft und
zurück zur Sozialen Marktwirtschaft

Michael von Prollius
OLZOG Verlag 2009, Hardcover, 224 Seiten
ISBN 978-3-7892-8314-7 • 22,90 €

Marktwirtschaft ist ein integraler Bestandteil der Kultur des Westens. Zugleich hat die
Marktwirtschaft heute viele Gegner und nur
wenige Unterstützer. Ihr per se sozialer Charakter wird vor allem von fehlgeleiteten Politikern
und interventionistischen Intellektuellen missachtet. Angesichts des Versa-
gens herkömmlicher Wohlfahrtspolitik mit wachsenden Massen enttäuschter
und geprellter Bürger ist es Zeit, dem vorherrschenden wirtschaftspolitischen Schwindel entgegenzutreten. Nicht die Marktwirtschaft ruft Krisen
hervor. Dafür sind vielmehr diejenigen verantwortlich, die ständig Ergebnisse gegen die Menschen auf Märkten zu erzielen versuchen. Die Soziale
Marktwirtschaft ist heute nicht mehr sozial. Ursache ist nicht ein Mangel
an Sozialstaat, sondern ein Mangel an Marktwirtschaft. Die Finanzkrise ist
nicht Folge ungehemmter Marktwirtschaft, sondern zuallererst Ausdruck
staatswirtschaftlicher Verfehlungen.

Fauler Zauber
Schein und Wirklichkeit des Sozialstaats

Roland Baader
Resch, 2. Auflage 1998, 292 Seiten
Hardcover mit Schutzumschlag
24,54 €
ISBN: 978-3-930039-59-3

Die belogene Generation
Politisch manipuliert
statt zukunftsfähig informiert

Roland Baader
Resch, 4. Auglage 2005, 224 Seiten
Taschenbuch
14,32 €
ISBN: 978-3-930039-67-8

Wider die Wohlfahrtsdiktatur
Zehn liberale Stimmen

Roland Baader
Resch, 1. Auflage 1995, 256 Seiten
Französische Broschur
15,24 €
ISBN: 978-3-930039-34-0

Kreide für den Wolf
Die tödliche Illusion
vom besiegten Sozialismus

Roland Baader
Resch, 1. Auflage 1992, 272 Seiten
Hardcover mit Schutzumschlag
22,91 €
ISBN: 978-3-930039-62-2

Markt oder Befehl
55 Streitschriften für die Freiheit

Roland Baader
Lichtschlag Nr. 5
1. Auflage 2007, 364 Seiten
24,80 €
ISBN: 978-3-939562-01-6

Ordnung und Anarchie
Essays über Wirtschaft,
Politik und Kultur

Jörg Guido Hülsmann
Lichtschlag Nr. 6
1. Auflage 2007, 144 Seiten
16,90 €
ISBN: 978-3-939562-02-3

Freiheitsfunken
Aphoristische Impfungen

Roland Baader
Lichtschlag 2008
114 Seiten,
19,90 €
ISBN: 978-3-939562-17-7

totgedacht
Warum Intellektuelle
unsere Welt zerstören

Roland Baader
Resch, 1. Auflage 2002, 288 Seiten
Hardcover mit Schutzumschlag
22,80 €
ISBN: 978-3-935197-26-7

Magazin

eigentümlich frei

www.ef-magazin.de
Lichtschlag Medien und Werbung KG,
Malvenweg 24, D-41516 Grevenbroich

ISBN: 978-3-9523315-2-1
18,50 € • 28,00 CHF
www.einrappen.ch

ISBN: 978-3-9523315-5-2
18,50 € • 28,00 CHF
www.einrappen.ch

ISBN: 978-3-9523315-4-5
18,50 €
www.elementum.si

ISBN: 978-80-254-4979-0
269,00 CZK • 18,50 €
www.austriagold.cz

ISBN: 978-3-9523315-7-6
18,50 € • 28,00 CHF
www.einrappen.ch

ISBN: 978-960-89129-1-5
18,50 € • 28,00 CHF
ira@hotmail.com

GoldMoney

Der bessere Weg Gold und Silber zu kaufen

IHRE GOLD HOLDING

GoldMoney — Lagern Sie Ihre Edelmetalle in weltweit anerkannten Hochsicherheitstresoren und erhalten Sie Barrengold oder Geld wann immer Sie es wünschen.

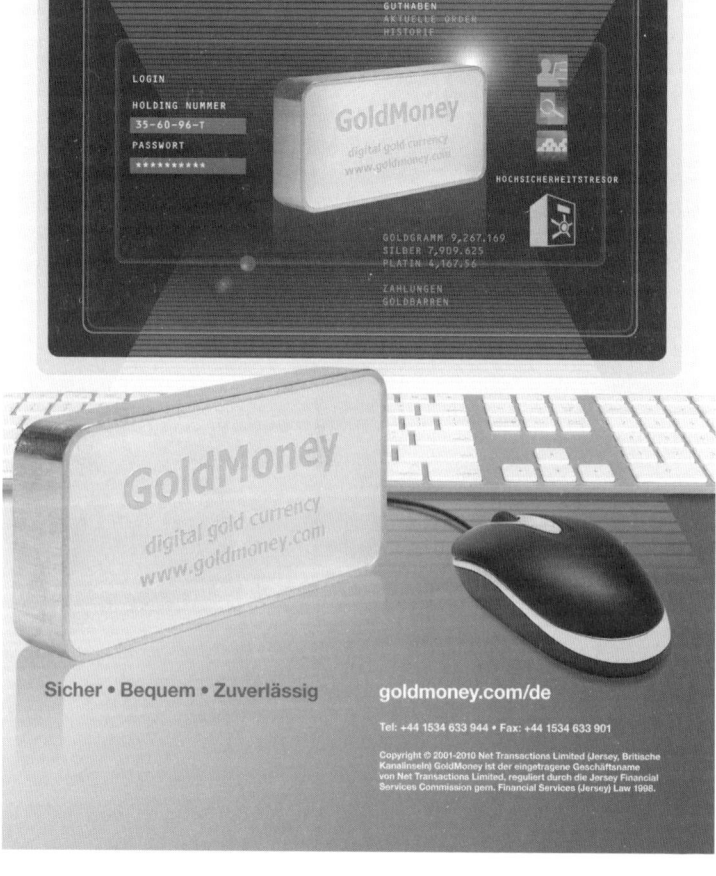

Kurzbeschreibung

Freiheit durch Gold
3. Auflage

Verehrte Leser,
wir gratulieren Ihnen! Sie schenken der in
diesem Buch dargestellten hochaktuellen Thematik einer kranken Geldwirtschaft mit all ihren heute bereits sichtbaren und den noch anstehenden verheerenden Auswirkungen Ihre
Aufmerksamkeit. In dem schmerzhaften und
unvermeidlichen Prozess einer Gesundung
wird Gold, genau wie in allen Krisen der Vergangenheit, eine Schlüsselrolle spielen. Ihr Interesse ordnet Sie in die Gruppe der Mitmenschen
ein, die vorausschauend begreift, dass Gold wieder zum Mittelpunkt der
künftigen gesunden Geldwirtschaft in einer von Prinzipien der Ehrlichkeit
getragenen Gesellschaft aufsteigen muss und wird. Das heutige Luft- und
Falschgeld, welches im Wesentlichen der Machterhaltung einer winzigen
Minderheit dient, wird unausweichlich untergehen. Dass damit nicht nur
auch ein Gesundungsprozess der gesellschaftlichen Interaktionen und
Systeme einhergehen wird, sondern dass Sie selbst in absehbarer Zukunft
die Früchte ihrer Vorausschau ernten werden, versteht sich von selbst.

Die schleichende und fortlaufende Enteignung durch Geldentwertung
zugunsten der Schuldenmacher, trifft alle Mitmenschen. Es ist dies ein
heimtückischer, perfider und hochgradig antisozialer Prozess, der niemanden verschont, der gesellschaftspolitisch höchst verwerflich ist und
längerfristig immer ins Verderben führt. Die Geschichte ist reich an Beispielen. Heute wächst die Rolle des Staates, der einst ausschliesslich für
die innere und äussere Sicherheit verantwortlich war, exponentiell. Die
bürgerlichen Freiheiten welken dahin. Unter diversen fadenscheinigen
Deckmäntelchen der Rechtfertigung wuchern faschistoide Machtapparate
in bedrohlicher Weise.

Was Wunder, dass die Hochfinanz und die Politiker Gold fürchten wie
der Teufel das Weihwasser. Die Rückkehr zu einem Goldstandard wäre
gleichbedeutend mit dem Ende ihrer Macht, dem Ende des Dollars, der
systematischen Täuschungen, der Bilanzfälschungen und des getarnten
Betrugs, denn Gold ist absolut ehrlich.

Dieses Buch wird auch Sie nachhaltig zu freiem Denken motivieren.
Nur Mut!

Internet-Links

Deutschsprachige Web-Seiten:

www.ef-magazin.de (ef: eigentümlich frei)
www.goldseiten.de
www.hartgeld.com
www.hayek.de
www.ifaam.de (Institut für Austrian Asset Management (IfAAM)
www.kopp-online.com
www.libinst.ch (Liberales Institut, Zürich)
www.lips-institute.ch
www.mises.de
www.mmnews.de
www.ronpaulblog.de
www.stay-free.de
www.wertewirtschaft.org (Institut für Wertewirtschaft)

Englischsprachige Web-Seiten:

www.campaignforliberty.com
www.cobdencentre.org
www.dailyreckoning.com
www.gata.org
www.goldenjackass.com
www.goldmoney.com
www.lewrockwell.com
www.libertarian.co.uk
www.mises.org
www.professorfekete.com
www.safehaven.com
www.thedailybell.com

———————— ◆ ————————

❝Das Internet ist eine grosse Chance:
Wenn sich die Wahrheit unsubventioniert verbreiten kann,
schlägt sie die subventionierte Lüge. **❞**

Roland Baader – Freiheitsfunken